KB162763

왜 정선은 진경산수화를 그렸을까?

37
역사공화국
한국사법정

교과서 속 역사 이야기, 법정에 서다

심사정 vs 정선

왜 정선은 진경산수화를 그렸을까?

글 최석조 | 그림 최상훈

㈜ 자음과모음

'진경산수화!'

미술에 관심이 없는 사람이라도 한 번쯤은 들어 보았을 말입니다. 조금 더 관심이 있다면 '조선 후기 정선이 창안해 낸 우리 고유의 화풍이다', '중국의 그림을 모방하는 데에서 벗어난 새롭고 독창적인 그림이다', '풍속화와 더불어 가장 한국적인 그림이다', '대표작으로 〈금강전도〉와 〈인왕제색도〉 등이 있다' 정도쯤은 알고 있겠지요.

그런데 여기까지입니다. 왜 진경산수화라 불렸으며, 누가 언제 어떻게 그리기 시작했으며, 또 왜 갑자기 시들해졌는지, 어지간히 미술에 관심 있는 사람이 아니고선 고개를 갸웃거리기 십상이지요.

상황이 이러하니 진경산수화와 더불어 조선 시대 미술계를 양분했던 남종 문인화에 대해서는 더욱 알 수 없습니다. 남종 문인화를 주도한 심사정에 대해서도 마찬가지일 테고요. 정말로 정선과 쌍벽을 이루었던 대화가 심사정이 지하에서 통곡할 노릇이지요.

진경산수화는 위대한 그림입니다. 중국의 그림을 따라 그리던 습관에서 벗어나 우리 땅의 모습을 우리 실정에 맞는 화법으로 그렸기 때문이지요. 그러기에 정선과 절친했던 화가 조영석은 "조선 300년 역사상 이런 그림은 없었다"라고 격찬했지요. 진경산수화는 요즘 와서 더욱 각광받고 있습니다. '개성, 독창성, 민족성'을 중요하게 여기는 현대인의 미적 관점에 딱 들어맞기 때문입니다.

이 책에서는 이런 진경산수화의 실체를 파헤칠 것입니다. 조금 전 고개를 갸웃거렸던 질문에 대해서도 해결책을 제시해 줄 것입니다.

무엇보다 이 책의 무대가 법정이란 사실이 매우 흥미롭습니다. 이미 사라진 역사 속 인물인 심사정이 자신의 스승인 정선을 고소하면서 치열한 법정 공방을 벌이는 설정 또한 독특합니다. 물론 심사정과 정선의 대립은 흥미를 위한 구성이지 역사적 사실은 아닙니다. 하지만 원고와 피고가 펼치는 법정 공방의 내용은 사실을 바탕으로 재구성했습니다. 충분히 감안하고 읽어 주기 바랍니다.

저는 미술을 전공한 학자는 아닙니다. 그렇지만 학생을 가르치는 교사로서 여러분의 눈높이에 맞춰 글을 쓰려고 애썼습니다. 진경산수화는 물론 심사정과 남종 문인화에 대해서도 잘 알 수 있는 절호의 기회가 되길 바랍니다.

최석조

차례

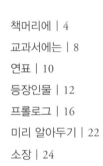

조선 후기에 우리 문화에 대한 관심이 높아지면서 그림에도 변화가 나타났다. 우리의 산수와 삶의 현실을 그린 진경산수화, 풍속화, 민화가 새로이 유행했는데 이 중 진경산수화는 정선이 개척하였다. 중국의 산수화를 모방하던 화풍에서 벗어나 조선의 경치를 사실적으로 그렸다. 대표적인 작품으로 〈금강전도〉, 〈인왕제색도〉가 있다. 풍속화는 김홍도와 신윤복이 많이 그렸는데, 김홍도는 주로 서민들의 활기찬 모습을, 신윤복은 양반의 풍류와 남녀의 애정을 섬세하게 그렸다. 한편 민중의 소박한 정서가 담긴 민화도 유행했는데, 이름이 알려지지 않은 화가들에 의해 그려졌다.

중학교   역사

VI. 조선 사회의 변동
  4. 문화의 새로운 변화
    (2) 문예 활동의 새로운 경향

VI. 조선 사회의 변동
  4. 문화의 새로운 변화
    〈진경산수화에 담긴 조선의 풍경은 어떤 모습이었나요?〉

정선은 전국을 돌아다니며 진경산수화를 그렸다. 그가 그린 〈금강전도〉는 전체적으로 원형의 구도를 이루고 있고 하늘에서 내려다본 모습으로 그린 것이 독특하다. 또 〈인왕제색도〉는 비 온 뒤 안개가 핀 인왕산의 풍경이 실감나게 표현된 그림이다.

조선은 양반 관료가 지배층으로 자리 잡으면서 유교적인 양반 문화가 형성되었다. 16세기에 들어 사림이 정계에 본격적으로 진출하면서 사림의 선비적 취향이나 가치관이 문화 전반에 걸쳐 나타났다.

고등학교	한국사	Ⅱ. 고려와 조선의 성립과 발전 2. 유교 정치의 이상을 꽃피운 조선 (3) 민족 문화가 크게 발전하다
		Ⅲ. 조선 사회의 변화와 서양 열강의 침략적 접근 2. 조선에서도 근대의 기운이 움트다 (8) 문화의 주체가 다양해지다

서민 문화의 발달과 함께 여러 영역에서 다채로운 문화 활동이 전개되었는데, 그림에서는 정선이 우리 자연을 사실적으로 표현한 진경산수화를 개척하였다. 한편 김홍도, 신윤복 등은 많은 풍속화를 남겨 조선 후기 사람들의 다채로운 삶의 모습을 전해 주고 있다.

敬以直內
義以方外

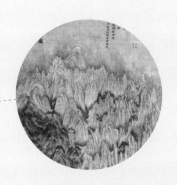

1688년	영국, 명예혁명
1689년	청·러, 네르친스크 조약 체결 영국, 권리 장전 발표
1701년	프로이센 성립
1708년	러시아, 표트르 1세 개혁 시작
1715년	프랑스, 루이 14세 사망
1729년	티베트, 청나라에 소속되어 6세의 달라이 라마 옹립
1733년	북아메리카 13개 식민지주 성립
1759년	애덤 스미스, 『국부론』

원고 **심사정(1707년~1769년)**

나는 조선 후기의 화가로 중국 남종 문인화를 받
아들여 우리 조선식으로 바꾸는 데 많은 공을 세
웠소. 〈촉잔도〉는 나의 노력을 집대성한 그림이
라고 할 수 있소. 그렇지만 후세 사람들은 나를
중국의 화풍을 따라 한 줏대 없는 화가로 단단히
오해하고 있는 것 같소. 이런 억울할 데가!

원고 측 변호사 **남종화**

학창 시절에 화가를 꿈꾸었던 남종화 변호사랍니
다. 가끔 혼자서 중얼대는 버릇이 있긴 하지만 재
판에서는 누구에게도 지지 않을 자신 있어요. 이
번 재판을 통해 심사정의 남종 문인화에 대해 제
대로 알려 주겠어요.

조선 후기 '예원의 총수'로 불리던 강세황이라고 하오. 〈영통동구〉라는 그림을 그려 이름을 널리 알렸지요. 심사정과 함께 남종 문인화의 토착화를 위해 노력했소.

추사체라는 글씨로 유명한 김정희라고 하오. 화가는 물론 서예가, 금석학자, 평론가로도 활동했소. 내가 바로 19세기에 남종 문인화의 유행을 주도하면서 한때 '완당 바람'을 일으킨 장본인이라오.

인사동에서 고미술상을 운영하는 예리한입니다. 전직 문화재 감정위원이기도 하지요. 진경산수화는 중국 판화집의 영향을 받아 생겨난 것입니다. 독창성이라고는 눈을 씻고 찾아봐도 없어요!

피고 정선(1676년~1759년)

내가 만든 진경산수화는 새롭고 독창적인 그림이
오. 우리 땅 구석구석을 정말 발바닥이 닳도록 돌
아다녔고 눈으로 본 것을 우리 실정에 맞는 화법
으로 그려 낸 것이오. 〈금강전도〉, 〈인왕제색도〉는
내가 그린 대표적인 진경산수화지요. 이 그림들을
볼 때마다 내가 화가라는 게 정말 자랑스럽소.

피고 측 변호사 나진경

역사공화국의 명변호사 나진경이에요. 원래 옛 그
림에 대한 지식이 해박한 편인데, 우연찮게 정선의
진경산수화에 대한 변론을 맡게 되었네요. 상대방
의 약점을 불독처럼 물고 늘어지는 게 내 특기예요.
호호호!

선비 화가 조영석이오. 풍속화를 잘 그려《사제첩》이라는 풍속화집을 남겼지요. 정선과 한동네에 살았는데 보면 볼수록 정선의 진경산수화는 참으로 대단하다고 생각합니다.

풍속화의 대가 김홍도라고 하오. 도화서 화원으로 활동했으며 조선 3대 화가로도 손꼽힌답니다. 금강산과 단양 팔경의 풍경을 정선과는 또 다른 화법으로 그려 냈지요.

한국대학교 미술사학과 교수 최고봉입니다. 30년 동안 오직 정선의 그림만을 연구했답니다. 정선의 진경산수화는 조선 중화주의의 결과이지요.

"빼앗긴 내 이름과 자리를
다시 찾아 주시오!"

어렸을 적 꿈이 화가였던 남종화 변호사. 하지만 딱 밥 굶기 십상이라던 아버지의 거센 반대에 부딪혀 뜻을 접고 법대에 진학해 지금까지 어엿한 변호사의 길을 걷고 있다. 늘 골치 아픈 소송에 파묻혀 살지만 가끔은 옛날의 희미한 꿈을 떠올리며 미술관을 찾곤 한다. 오늘 남종화 변호사가 모처럼 찾은 곳은 옛 그림 전시회.

"흠, 이게 그 유명한 심사정의 〈설중탐매도〉란 작품인가?"

남 변호사는 길이 1미터가 넘는 그림을 앞에 두고 연신 고개를 끄덕이며 떠날 줄 몰랐다.

"어디 보자. 눈 덮인 산이 병풍처럼 펼쳐졌으니 추운 겨울인데……, 어? 저기 나귀를 탄 사람이 보이네. 음, 겨울에 핀 매화를 찾아 나섰단 말이지? 저런 날에는 집 안에 틀어박혀 군고구마나 까먹는 게 제격인데. 저러다 감기라도 들면 누가 책임지나. 쯧쯧, 그나저나 뒤에서 무거운 짐을 들고 따라가야 하는 머슴은 뭐야. 주인을 잘못 만나 이 한겨울에 고생하는군."

남 변호사는 혼잣말을 중얼거렸다. 그건 남 변호사의 오랜 버릇이기도 했다. 법정에서도 상대 변호사의 변론 때 까닭 없이 중얼대다가 판사로부터 경고를 받은 적도 여러 번 있었다.

"비단에 그린 그림이라고? 촉감이 어떤지 어디 한번 만져 볼까?"

남 변호사는 그림 앞으로 한 발 다가섰다가 혹시라도 누가 볼까 봐 재빨리 좌우를 살피고는 작품 아래 귀퉁이를 집게손가락으로 살살 문질렀다.

"음, 과연 종이하곤 촉감부터 다르군."

그때였다. 갑자기 전시장 안의 조명이 모두 꺼져 버렸다. 남 변호사는 깜짝 놀라 몇 발자국 뒤로 물러섰다. 그림을 감상하던 사

심사정, 〈설중탐매도〉, 비단에 담채, 115×50.5cm, 국립중앙박물관(중박-201103-175)

람들은 모두 동상처럼 굳은 채 움직이지 않았고, 사방은 금방이라도 귀신이 튀어나올 것처럼 깜깜했다.

그런데 어둠 속에서 누군가 움직이는 게 보였다. 마치 알라딘의

요술 램프에서 요정이 튀어나오듯 두 사람이 걸어 나왔다. 남 변호사는 순간 간이 콩알만 해졌다. 호랑이에게 물려 가도 정신만 차리면 되는 법!

"귀신이면 물러가고, 사람이면 대답해라!"

남 변호사는 주머니에서 휴대 전화기를 꺼내 주변에 조명을 비추며 젖 먹던 힘을 다해 소리쳤다.

"앗, 저건!"

그랬다. 조명 속에 보인 건 그림 속의 사람들이었다. 한 사람은 나귀를 탔고, 다른 한 사람은 고삐를 잡은 채 서 있었다. 나귀를 탄 사람이 신경질적으로 소리를 질렀다.

"어우, 눈부셔. 우리는 나쁜 사람이 아니라오. 어서 그 불부터 꺼 주시오. 콜록콜록!"

"사……사람이라고?"

"콜록콜록!"

'이크, 조심해야지! 재수 없게 감기라도 옮으면 어쩌라고…….'

남종화 변호사는 얼른 뒤로 물러서며 물었다.

"그런데 당신은 도대체 누구요?"

"나 말이오? 난 심사정, 조선 후기에 명화가로 이름을 날린 사람이오. 추운 데서 돌아다녔더니 그만 감기가 들었네. 에취!"

남 변호사는 그만 얼굴을 찡그리고 말았다. 침이 얼굴로 튀었기 때문이다.

"퉤퉤! 아이 더러워. 아니, 댁이 심사정이라고요? 여긴 어쩐 일로

오셨죠?"

"당신이 역사공화국의 남종화 변호사 맞소? 당신에게 소송을 의뢰하려고 이렇게 찾아왔소."

남종화 변호사는 소송이란 말에 귀가 번쩍 뜨였다.

"소송이라고요? 아니 무슨……?"

"당신도 알다시피 난, 조선 후기에 정선과 쌍벽을 이루던 화가였소. 아니, 어떤 사람들은 정선보다 오히려 나를 최고로 쳐주며 '남종 문인화의 대가'라 불렀다오."

남 변호사는 그림 이야기가 나오자 귀를 쫑긋 세웠다. 자신이 누구던가? 어렸을 적 꿈이 화가, 게다가 이름 역시 남종화. 누가 뭐래도 이건 운명이었다. 남 변호사는 침을 꿀꺽 삼키며 심사정 앞으로 한 발짝 다가섰다.

"그래서요?"

"휴, 그런데 말이오…… 콜록콜록!"

심사정은 한숨을 크게 내쉬며 말을 잇지 못했다. 남종화 변호사는 또 침 세례를 받을까 봐 얼른 뒤로 한 발짝 물러섰다. 심사정은 한참 후에야 겨우 입을 뗐다.

"이렇게 억울할 데가 어디 있겠소? 지금 지상 세계의 사람들은 나를 제쳐 두고 오로지 정선의 진경산수화만 높이 평가하고 있소. 우리 산천을 우리 화법대로 표현한 독보적인 그림을 그렸다고 말이오. 교과서를 다 뒤져 봐도 정선의 이름만 눈에 띌 뿐, 내 이름은 눈을 씻고 찾아봐도 없었소."

그건 맞는 말이었다. 정선의 이름이야 삼척동자도 다 알지만 심사정에 대해서는 남 변호사쯤은 되어야 겨우 알 정도이다.

"사람들은 나를 중국 그림이나 따라 그린 형편없는 화가로 오해하고 있소. 실제로는 남종 문인화를 우리 조선식으로 새롭게 그려 냈는데도 말이오. 그런 공도 몰라주고…… 사람들은 그저 진경산수화, 진경산수화…… 하며 떠받드니 이젠 '진' 자만 들어도 치가 떨릴 지경이라오. 내 그림도 진경산수화 못지않게 위대하다는 걸 만천하에 밝혀 주시오. 콜록콜록!"

흥분한 심사정의 목소리가 기침과 함께 갈라져 나왔다. 남 변호사는 심사정의 하소연에 일리가 있다고 여겼다. 언젠가 어느 미술 평론가에게 들은 얘기가 지금 심사정이 하는 얘기와 비슷했기 때문이었다.

나귀에서 내린 심사정은 남 변호사의 두 손을 마주 잡고 간곡히 부탁했다.

"진경산수화의 숨겨진 실체를 밝혀 주시오. 내 이름과 자리를 다시 찾아 달란 말이오. 당신이라면 충분히 그럴 능력이 있다고 믿소. 사례는 충분히 해 주겠소."

남종화 변호사는 대역 죄인으로 몰린 할아버지 때문에 한평생 가난하게 살았던 심사정이 수임료를 충분히 치르지 못할 것이란 걸 잘 알고 있었다. 하지만 이 소송에 자신의 모든 걸 쏟아부으리라 다짐했다. 이건 화가가 꿈이었던 남 변호사의 자존심이었다.

남 변호사 역시 심사정의 손을 꼭 쥐었다가 그가 다시 기침을 하려 하자 얼른 손을 놓았다.

"그럼 법정에서 봅시다. 콜록콜록!"

심사정은 천천히 그림 속으로 사라졌다. 그 순간 미술관이 다시 밝아졌다. 동상처럼 움직이지 않던 사람들도 다시 움직이기 시작했다.

'이게 무슨 운명의 장난일까? 골치 아픈 소송 때문에 머리를 식히러 미술관을 찾았다가 도리어 소송을 맡다니⋯⋯.'

정선과 진경산수화

'진경산수화'란 우리나라의 실제 경치를 자세하게 관찰하고 그 특징을 살려 그린 그림을 말합니다. 이전까지는 중국의 화풍을 따라 풍경화를 그리는 일이 많았기 때문에 이러한 진경산수화의 등장은 당시로서는 매우 놀라운 일이었지요. 이렇게 시작된 진경산수화는 특히 18세기에 유행했습니다.

진경산수화 하면 떠오르는 인물은 겸재 정선으로, 조선 후기 진경산수화의 대가로 일컬어집니다. 그는 날로 늘어나는 그림의 주문에 다 응할 수 없게 되자 다른 이에게 대신 그리게 했는데요. 워낙 작품도 많이 남겨 그가 쓴 붓이 무덤을 이룬다고 할 정도로 당대 최고의 인기를 누린 화가였답니다.

겸재 정선의 진경산수화는 집 주변인 백악산에서 시작합니다. 그리고 전국 명승지를 답사하여 아름다운 우리 자연을 많이 그렸는데, 그중에서도 가장 유명한 것이 금강산의 웅장한 절경을 그린 〈금강전도〉입니다. 이 그림은 국보 제217호로 지정되어 있으며, 금강산의 1만 2,000개의 봉우리가 하나의 둥근 태극 원 속에 담겨 있는 것이 특징이지요. 매우 밀도 있는 짜임새를 갖춘 그림으로 인정받고 있습니다.

반면 '남종 문인화'는 우리나라에는 18세기 전반기에 받아들여진 그림 양식이었습니다. 남종 문인화가 본격적으로 들어온 조선 후기는 우리나라의 아름다운 경치를 화폭에 담은 진경산수화와 주로 서민 계층의 생활을 담은 진솔하고 해학적인 풍속화가 많이 그려졌던 시기였지요. 남종 문인화는 북종화와 대비되는 개념으로 인간의 내면을 중요시한다는 특징이 있었습니다. 대표적인 인물로는 정선과 함께 뛰어난 화가로 손꼽히던 심사정이 있었답니다.

정선의 〈독서여가〉. 툇마루에 나와 있는 인물을 정선으로 추측하고 있다.

원고 ㅣ 심사정	대리인 ㅣ 남종화 변호사
피고 ㅣ 정선	대리인 ㅣ 나진경 변호사

청구 내용

나, 심사정은 18세기에 중국의 남종 문인화를 조선화하는 데 앞장
선 화가입니다. 그런데도 중국을 모방했다는 오해만을 받았으며 당시
의 평가보다 훨씬 낮은 평가를 받고 있습니다. 반대로 정선의 진경산
수화는 중국의 영향을 많이 받았는데도 조선의 독창적인 그림이라며
높은 평가를 받고 있습니다.

정선이 창시한 진경산수화는 우리 그림 역사상 위대한 업적임은 분
명합니다. 중국 그림을 따라 그리기에 급급했던 화단에 우리의 산천을
우리 실정에 맞는 화법으로 표현했고, 사람 또한 갓을 쓰고 도포를 입은
우리 조선 사람으로 바꾸었기 때문이지요. 이런 독창적이고 개성적인
화풍은 우리 그림의 우수성을 자랑하기에 조금도 부족하지 않습니다.

하지만 진경산수화는 정선이 처음 시도한 것이 아니며, 표현 방법에
서도 중국의 영향을 많이 받아 전적으로 독창적이고 개성적인 화풍이
라 하기에는 부족함이 있습니다.

반면 내가 그린 남종 문인화는 원래 중국 그림이지만 각고의 노력
끝에 우리 조선의 것으로 만드는 데 성공한 것입니다. 무조건 중국을
모방한 게 아니라는 말입니다. 이는 진경산수화의 창시에 못지않은 크

나큰 업적입니다.

이에 나, 심사정은 진경산수화와 남종 문인화의 숨겨진 진실을 밝히고 나의 업적에 대한 재평가를 요구하기 위해 소송을 청구하는 바입니다.

입증 자료

- 중학교 역사 교과서
- 고등학교 한국사 교과서
  그 외 자료 추후 제출하겠음.

위 청구인 심사정

역사공화국 한국사법정 귀중

진경산수화는 어떻게 생겨났을까?

1. 진경산수화는 과연 어떤 그림일까?
2. 진경산수화는 누가 그리기 시작했을까?
3. 진경산수화는 어떻게 생겨났을까?

1

진경산수화는
과연 어떤 그림일까?

"판사님께서 들어오십니다. 모두 자리에서 일어나 주시기 바랍니다."

모두 일어서라는 법정 경위의 말에 방청객들이 하나둘 자리에서 일어섰다. 시끌벅적하던 방청석의 소음도 잦아들었다. 모두의 시선을 받으며 입장한 판사는 자리에 앉은 뒤 방청객들이 자리에 앉을 때까지 기다리는 동안 근엄한 표정으로 원고 심사정과 피고 정선의 좌석을 한번 쳐다보았다. 그러고는 엄숙한 목소리로 입을 열었다.

판사   지금부터 원고 심사정이 피고 정선을 상대로 청구한 재판을 시작하도록 하겠습니다. 원고 측 변호인, 먼저 이 재판을 청구한 이유를 설명해 주시기 바랍니다.

남종화 변호사   존경하는 판사님, 혹시 진경산수화에 대해 들어 보신 적 있으신가요?

판사　나 참, 이래봬도 사법 고시를 통과한 몸입니다. 그 정도쯤 이야……. 진경산수화는 조선 후기 정선이 만든 화풍으로 우리나라의 자연을 우리 방식대로 표현한 한국적 산수화를 말하는 게 아닙니까? 우리 미술계의 가장 위대한 업적으로 평가받기도 하고요.

남종화 변호사　그렇습니다. 하지만 진경산수화에 대한 평가가 너무 과장되었고 잘못 알려진 점도 많습니다. 이런 과장과 오해에 대한 정확한 판단 및 시정을 요구하려고…….

심사정　그렇소!

　이때 갑자기 원고인석에 앉아 있던 심사정이 버럭 소리치며 일어났다. 깜짝 놀란 남종화 변호사가 심사정의 팔을 끌어당기며 앉히려 했지만 그는 막무가내로 목청을 높였다.

심사정　진실을 밝혀 주시오! 여태껏 지하에서 단 하루도 마음 편히 지낸 적이 없었소. 내 억울함을 풀어 주시오!

　판사의 얼굴이 일그러지더니 단호하게 경고했다.

판사　원고, 그 심정을 모르는 바 아니나 발언권을 얻은 후 말씀하세요. 이렇게 막무가내로 재판에 끼어들면 원활한 진행을 할 수 없습니다. 이는 원고도 원치 않으시겠지요?

판사의 지적을 받은 심사정은 더 이상 말을 잇지 못했다. 그러나 분이 덜 풀린 듯 피고인석의 정선을 노려보며 씩씩거렸다. 겨우 팔을 끌어당겨 앉힌 남종화 변호사가 심사정의 귀에 대고 "이러시면 우리가 불리합니다"라고 속삭였다.

판사 방금 원고 측 변호인이 진경산수화에 대한 평가가 과장되었다고 주장하셨는데요, 구체적으로 어떤 점이 과장되었다는 말인가요?

남종화 변호사 진경산수화는 피고 정선이 처음 시작하지 않았습니다. 게다가 독창적이라고 알려진 화법 역시 독창적이라는 평가를 받기에는 과할 정도로 중국 그림을 따라 한 게 많습니다.

판사 오호! 이건 새로운 사실인데요. 그럼, 심사정에 대한 평가에서 사람들이 오해하고 있는 점은 무엇인가요?

남종화 변호사 원고 심사정은 당대 최고의 화가로 한국적 남종 문인 화풍을 이룬 분입니다. 그런데 대부분의 사람들은 원고가 중국 그림을 그저 베끼거나 따라 그린 화가라고 오해하고 있습니다.

따라서 원고는 진경산수화에 대한 평가와 남종 문인화의 대가인 원고 자신에 대한 오해를 밝히고 정당한 평가를 받음으로써 실추된 명예를 되찾고 싶어 이 소송을 제기한 것입니다.

판사 잘 들었습니다. 피고는 원고 측의 주장을 인정합니까?

나진경 변호사 천만에요. 너무 터무니없는 주장이라 잠시 제 귀가 잘못되었나 의심했습니다. 진경산수화는 우리 땅의 아름다움을 우리 개성에 맞게 그려 낸 독자적이고도 창의적인 그림입니다. 이것은

학자들도 인정한 사실입니다. 이를 아니라고 말하는 건 "지구는 세 모다"라거나 "개미는 코끼리다"라는 말과 무엇이 다르겠습니까?

판사　원고 측의 주장을 받아들일 수 없다는 말이군요. 알겠습니다. 그럼 지금부터 심사정 대 정선의 재판을 본격적으로 시작하겠습니다.

　판사는 눈을 들어 법정 안을 천천히 둘러보고는 말을 이었다.

판사　원고, 대체 진경산수화가 무엇입니까? 사실은 저도 학창 시

심의
선비가 입던 웃옷으로 보통 흰 베를 가지고 두루마기 형태로 만들며, 소매를 넓게 하고 가장자리를 검은 비단으로 둘렀지요.

복건
검은 헝겊으로 위는 둥글고 뾰죽하게 만들며 뒤에 넓은 자락이 길게 늘어지고 양옆에 끈이 있어서 뒤로 둘러매는 모자이지요.

절 교과서에서 잠깐 들어 봤을 뿐입니다. 이것부터 밝히지 않고서는 재판이 제대로 이루어지지 않을 것 같습니다.

원고 심사정이 기다렸다는 듯 자리에서 일어서자 남종화 변호사가 급하게 팔을 당겨 제자리에 앉혔다.

남종화 변호사　판사님, 우리보다는 피고 정선이 설명하는 게 더 좋지 않을까요? 진경산수화를 만든 당사자이니까요.

판사　원고 측 주장에 일리가 있군요. 진경산수화에 대해 피고보다 잘 알고 있는 사람이 없을 것 같습니다. 그럼 피고에게 묻겠습니다.

방청객의 눈길이 일제히 피고 쪽으로 향했다. 기품 있는 **심의** 차림에 **복건**을 쓴 정선은 판사의 부름에 지그시 감고 있던 눈을 떴다. 그러고는 천천히 자리에서 일어나면서 왼손으로 숱이 그리 많지 않은 턱수염을 한번 쓰다듬었다. 체구는 작지만 어딘가 모르게 강단이 서린 풍모였다.

판사　원고, 먼저 자기소개를 간략하게 한 다음 진경산수화가 무엇인지 속 시원히 밝혀 주기 바랍니다.

정선　존경하는 판사님, 그리고 방청객 여러분, 반갑습니다. 이렇게 시공간을 초월한 한국사법정에서 만나게 되니 **감개무량**(感慨

無量)합니다. 나는 정선이라고 합니다. 숙종 때인 1676년, 한양 북악산 아래에서 태어나 여든네 살이라는 장수를 누린 행운아지요. 아시다시피 정선이라는 이름 말고 '겸재(謙齋)'라는 호로도 잘 알려져 있습니다. 겸재란 '매우 겸손한 선비'라는 뜻이지요. 나는 진경산수화로 이름을 알리긴 했으나 평생 제 한 몸 낮춰 가며 이름대로 겸손하게 살았습니다. 그런데 이런 송사에 휘말려 법정까지 불려 나오게 되니 참으로 통탄스럽습니다. 더구나 한때 제자였던 심사정이 스승인 날 고소하다니……, 인간적인 배신감마저 느낍니다.

남종화 변호사   판사님, 이의 있습니다. 피고는 지금 본 소송과는 전혀 관계없는 말로 재판을 호도(糊塗)하고 있습니다. 시정해 주십시오.

판사   인정합니다. 피고는 질문에 합당한 대답만 해 주기 바랍니다.

정선   죄송합니다. 나 역시 억울한 마음을 하소연할 데가 없어서요. 여러분도 잘 알다시피 나는 진경산수화를 만들고 우리 화단(畵壇)에 이를 널리 유행시킨 사람입니다. ▶이전에는 볼 수 없었던 가장 조선적인 산수화이지요. '진경(眞景)'은 말 그대로 '참된 경치'를 뜻합니다. '참되다'는 말은 실제 있는 그대로를 보고 그렸다는 뜻이기도 하고, 중국 땅이 아닌 우리 조선 땅을 그렸다는 뜻도 됩니다. 쉽게 말하면 우리의 진짜 경치를 그린 산수화라는 말이지요.

남종화 변호사   진짜 경치라니! 그럼 다른 사람들은 가짜

감개무량
마음속에서 느끼는 감동이나 느낌이 끝이 없는 마음 상태를 말합니다.

호도
풀을 바른다는 뜻으로, 명확하게 결말을 내지 않고 일시적으로 감추거나 흐지부지 덮어 버림을 비유적으로 이르는 말입니다.

화단
화가들의 사회를 일컫는 말이지요.

교과서에는

▶ 17세기부터 우리 문화에 대한 자부심이 높아졌고, 이러한 의식은 우리의 고유 정서와 자연을 표현하려는 예술 운동으로 나타났습니다. 진경산수화는 우리의 자연을 사실적으로 그려 회화의 토착화를 이룩했습니다.

이녕

12세기에 활동한 고려 시대의 화가입니다. 중국 송나라에서 그림을 배워 당시 황제였던 휘종에게 〈예성강도〉를 그려 바쳤으며, 고려 의종 때는 나라의 모든 그림을 관장할 만큼 재능이 뛰어났지만 전해지는 작품은 없습니다.

경치를 그렸다는 말입니까?

정선　　그렇습니다. 진경산수화 이전에는 대부분 관념 산수화를 그렸습니다. 산과 강에 직접 가 보지도 않고 방 안에 앉아서 자신의 머릿속에 있는 상상의 세계를 그렸지요. 그것도 중국의 화가가 그렸던 풍경을 그대로 따라 그리면서 말이에요. 이게 가짜 그림이 아니고 무엇입니까?

"잘났군, 잘났어! 완전 왕자병이시네."

참다못한 남종화 변호사가 혼잣말로 중얼거렸다. 목소리가 조금만 더 컸더라도 판사의 귀에 들렸을 것이다.

남종화 변호사　　판사님, 이의 있습니다. 피고는 자신이 그린 진경산수화만 진짜 그림이고, 다른 화가가 그린 그림은 모두 가짜라고 욕하고 있습니다. 명예 훼손죄에 해당할 수도 있으니 엄중히 경고해 주시기 바랍니다.

판사　　인정합니다. 그 말은 문제의 소지가 있어 보입니다. 피고는 말을 가려서 해 주세요.

정선　　예, 주의하겠습니다.

판사　　그런데 한 가지 궁금한 점이 있습니다. 진경산수화 이전에도 실제 경치를 그대로 따라 그리는 실경 산수화가 있었다면서요?

남종화 변호사　　그렇습니다. 이미 고려 시대부터 실제 풍경을 보고 그리는 실경 산수화의 전통이 있었습니다. 이녕이라는 화가가 〈예성

한시각
조선 중기의 화가입니다. 도화서 화원으로 자는 자유이며 인물화와 실경 산수화를 잘 그렸지요. 1655년 통신사 일행으로 일본을 다녀오기도 했습니다.

〈북새선은도〉
1664년 함경도 길주에서 벌어진 과거 시험을 기념하여 그린 기록화입니다. 산의 모습을 배경으로 시험 장면과 합격자 발표 장면 등 2점의 그림으로 구성되었지요.

강도〉, 〈금강산도〉를 그렸고, 조선 초에도 〈한강유람도〉가 있었지요. 특히 1664년 한시각이 그린 〈북새선은도〉에는 함경도 지방의 풍경이 잘 묘사되어 있습니다. 이런 전통이 오랫동안 이어져 왔는데 마치 혼자서만 실제 경치를 그린 것처럼 말하니, 원…….

판사 피고 측은 원고 측의 주장을 인정합니까?

나진경 변호사 그렇습니다. 틀림없는 사실입니다.

피고 측 나진경 변호사는 전혀 꿀리지 않는 당당한 목소리로 순순히 인정했다.

남종화 변호사 제 생각에는 실경 산수화나 진경산수화나 똑같이 실제 경치를 그렸으니 별 차이점이 없는 것으로 여겨집니다.

판사 듣고 보니 그러네요. 그런데 왜 실경 산수화를 진경산수화라고 부르지 않는 건가요?

나진경 변호사 두 화풍에는 결정적인 차이점이 있습니다.

남종화 변호사 결정적인 차이요?

"차이는 무슨 차이, 그게 그거지. 궁지에 몰리니까 막 우기는구먼."

남종화 변호사가 또다시 중얼거리자 이번에는 판사가 주의를 주었다.

왜 정선은 진경산수화를 그렸을까?

나진경 변호사　　실경 산수화든 진경산수화든 실제 풍경을 대상으로 하여 그렸다는 점은 비슷합니다.

판사　　아니, 그럼 무엇이 다르다는 말입니까? 뜸 들이지 말고 빨리 말해 주세요. 궁금합니다.

나진경 변호사　　판사님, 성격이 너무 급하시네요. 이제 설명할 테니 잘 들어 보세요. 실경 산수화는 실제 경치를 사진을 찍은 것처럼 그대로 따라 그린 것입니다. 그렇지만 자세히 살펴보면 실제 경치와는 큰 차이가 있습니다. 정확성이 매우 부족하여 실제 경치가 맞는지 의심이 갈 정도이지요. 예를 들어 한시각이 그린 〈북새선은도〉의 산을 보면 저곳이 함경도 어느 지방의 산인지 알아보기 힘들게 그려 놓았습니다. 반면에 정선의 〈금강전도〉를 보세요. 보는 순간 '아! 저곳이 바로 금강산이구나'라고 감탄이 절로 나오실 겁니다.

남종화 변호사　　……흠, 어흠.

나진경 변호사　　또 한 가지 결정적인 차이점이 있습니다.

남종화 변호사　　결정적인 차이가 또 있다고요?

나진경 변호사　　원고 측 변호인께서는 진정한 예술의 조건이 뭐라고 생각하십니까?

남종화 변호사　　저 말입니까? 그게 뭐 저…….

나진경 변호사　　바로 아름다움, 개성, 독창성입니다. 여러분이 알고 있는 오해 가운데 하나가 진경산수화는 단순히 실제 경치를 그대로 따라 그렸다는 것입니다. 하지만 실제 경치와 똑같은 건 하나도 없습니다. 화가는 여기에다 자신이 받은 감동을 보탰기 때문입니다.

그 감동을 옮겨 놓기 위해서 나름대로 독특한 화법을 개발했지요. 그러니까 진경산수화는 우리나라의 자연을 보고 그리되 화가의 느낌을 재해석해 독특한 화법으로 그린 것입니다. 이게 바로 개성이자 독창성입니다. 실경 산수화에 아름다움은 있을지 모르겠지만 화가의 개성이나 독창성은 없습니다. 이게 큰 차이점입니다.

판사   한마디로 두 그림은 천지 차이라는 뜻이군요?

나진경 변호사   네. 굳이 말하자면 진경산수화는 실경 산수화가 될 수 있지만 실경 산수화는 결코 진경산수화가 될 수 없습니다. 이 점을 분명히 해 주시기 바랍니다.

　

법정 안이 조용해졌다. 여기저기서 고개를 끄덕이는 사람이 많았다.

　

판사   원고 측의 반론이 없는 걸로 봐서 원고도 진경산수화의 예술적 성취를 인정하는 것으로 여기겠습니다.

산수화란 무엇일까?

산수화란 산, 물, 호수, 구름, 폭포, 나무와 돌 같은 자연의 풍경을 그린 그림을 말합니다. 흔히 실제 경치를 그린 실경 산수화와 마음속의 산수를 그린 관념 산수화로 나뉘지요.

산수화가 각광받기 시작한 것은 6세기 전후 노장사상(老莊思想, 중국의 노자와 장자의 사상)의 발달과 함께이며 이후 당나라 때 본격적인 그림 분야로 자리 잡게 되었습니다. 특히 먹을 주로 쓰는 수묵화의 발달은 산수화의 발달에도 결정적인 영향을 주어 동양화를 대표하는 그림이 되었지요. 단순하면서도 은은한 먹빛이 옛 사람들의 미감과 딱 맞아떨어졌기 때문입니다.

우리나라 산수화의 역사도 오래되었지만 지금 남아 있는 건 고려 시대 이제현이 그린 〈기마도강도〉, 공민왕의 〈천산대렵도〉 정도가 초기 산수화의 모습을 잘 보여 주고 있습니다.

산수화는 조선 시대에 들어서 더욱 성숙하게 되는데 조선 초기의 화가로는 안견과 강희안이 유명합니다. 특히 안견의 〈몽유도원도〉는 기념비적인 작품입니다. 조선 중기 때는 짙은 먹을 거칠게 쓰는 절파 화풍이 유행했으며, 조선 후기에 들어서서 정선의 진경산수화가 시작되어 산수화의 새로운 경지를 열었습니다. 아울러 남종 문인화도 양대 산맥을 이루며 성행했는데 심사정을 비롯하여 이인상, 강세황 등이 유명합니다.

2

진경산수화는
누가 그리기 시작했을까?

판사   피고가 태어난 해가 1676년이면 불과 300여 년 전인데, 5,000년의 역사를 자랑하는 우리가 그때까지 자신의 땅조차 제대로 그린 적이 없었다니⋯⋯ 정말 한심하군요.

정선   내 말이 바로⋯⋯.

정선은 더 이상 말을 잇지 못하고 맞은편에 앉아 있는 심사정의 눈치를 살폈다. 콜록거리던 심사정은 정선이 자신을 쳐다보자 눈에 불을 켰다.

판사   이런 현실을 보다 못한 피고가 진경산수화를 만들었다는 말이군요?

왜 정선은 진경산수화를 그렸을까?

정선   예.

판사   언제부터 진경산수화를 그리게 되었습니까?

정선   서른여섯 살이 되던 1711년에 금강산을 여행한 후《신묘년 풍악도첩》을 그리면서 처음 진경산수화를 그리기 시작했고, 쉰아홉 살이 되던 1734년에 〈금강전도〉를 그려 내며 완성 단계에 이르렀습니다. ▶진경산수화를 그리기 위해 안 가 본 곳이 없습니다. 내가 살았던 한양 구석구석은 물론이거니와 금강산도 세 번이나 다녀왔고, 남쪽으로는 경상도 지방까지 발이 닳도록 돌아다녔습니다. 우리 땅 곳곳에 펼쳐진 산봉우리와 강줄기, 흙과 바위, 나무와 숲을 눈이 시리도록 관찰하고 손금이 닳도록 종이 위에 옮겨 그렸습니다. 오죽했으면 사람들이 "정선이 쓰다 닳은 붓을 모으면 큰 무덤을 이룰 것이다"라는 얘기까지 했겠습니까?

판사   눈물겨운 노력이었군요. 하기야 그토록 위대한 업적이 보통의 노력으로 되는 것은 아니겠지요. 그런데 진경산수화는 피고가 처음으로 그리기 시작했나요?

판사의 질문에 정선은 꿀 먹은 벙어리가 된 듯 대답을 하지 못하고 머뭇거렸다. 그러자 남종화 변호사가 재빨리 말을 가로챘다.

남종화 변호사   아닙니다!

판사   아니라고요? 그럼 누가 처음으로 그리기 시작했나요?

《신묘년 풍악도첩》
1711년에 정선이 금강산 여행을 하면서 그린 그림을 모아 꾸민 화첩입니다. 현재 13점이 남아 있는데 정선의 진경산수화로는 초기의 작품이지요.

교과서에는

▶정선은 한양 근교와 강원도 명승지를 답사하며 그것을 사실적으로 그려 냈습니다.

조속
조선 후기의 문인 화가입니다. 호는 창강으로 1623년 인조반정에 가담하여 큰 공을 세웠습니다. 벼슬을 사양하고 명승지를 돌아다니며 그림을 그렸는데 〈금궤도〉, 〈매작도〉 등의 유명한 작품을 남겼습니다.

남종화 변호사 　　바로 **조속**이라는 화가입니다.

　　남종화 변호사의 대답에 방청객들이 웅성거렸다.
　　"아니, 진경산수화는 정선이 처음 시작한 줄 알았는데, 그게 아니었어?"
　　"그동안 우리가 잘못 알고 있었던 거네."

"그런 것 같아. 그럼 이거 사기 아니야?"

판사   자자, 정숙해 주세요. 그게 사실이라면 피고 정선은 진경산수화의 창시자가 아니겠군요. 좀 더 자세히 말씀해 주세요.

남종화 변호사   조속은 **인조반정** 때 큰 공을 세운 선비였습니다. 출세가 보장된 벼슬길을 마다하고 대신 우리 땅을 유람하며 여생을 보냈지요. 그냥 유람만 한 게 아니라 글과 그림으로 우리 땅을 표현하고자 부단히 노력했습니다. 그리고 그러한 노력의 결과 진경 화법이 처음 만들어진 것이지요.

판사   조속의 그림을 한번 보고 싶군요.

남종화 변호사   아쉽게도 남아 있는 진경산수화가 한 점도 없습니다. 진경산수화를 그렸다는 옛 기록만 남아 있을 뿐입니다.

판사   오, 저런! 안타깝군요.

나진경 변호사   그럼 작품의 수준이 어느 정도였는지, 아니 그게 정말로 우리가 말하는 진경산수화가 맞는지도 불분명하군요?

남종화 변호사   그야 그렇지만······.

나진경 변호사   그렇습니다, 판사님. 조속의 다른 그림을 봐도 진경산수화의 흔적은 찾기 힘듭니다. 짐작건대 조속의 진경산수화는 완전 초보 단계였거나, 아니면 시도만 했지 실제로는 아예 만들지 못했을 가능성이 높습니다.

판사   그래도 엄밀하게 따지면 정선은 진경산수화의 창시자가 아

진경산수화를 누가 처음 그리기 시작했는지가 중요한 게 아닙니다. 누가 최고의 경지로 끌어올렸는지가 더 중요하지요.

옳소~!

피고석

닌 것 아닙니까?

나진경 변호사   판사님, 혹시 거북선이 언제 발명된 것으로 알고 계시나요?

판사   으응? 임진왜란 때 이순신 장군이 만든 거 아닌가요?

나진경 변호사   아닙니다. 임진왜란보다 무려 180년이나 앞선 1413년 태종 때입니다. 이순신은 그걸 개량하여 실제 전쟁에 사용했을 뿐입니다. 그런데 거북선 하면 우리는 모두 이순신을 떠올립니다.

판사   아, 거기까진 몰랐네요.

나진경 변호사　　또 있습니다. 우리는 **라이트 형제**가 처음 비행기를 만들었다고 알고 있습니다. 그러나 비행기는 이미 수백 년 전 레오나르도 다 빈치에 의해 처음 설계되었습니다. 그렇다고 우리가 비행기를 처음 발명한 사람이 레오나르도 다 빈치라고 합니까? 아니지 않습니까? 마찬가지로 조속이 처음 진경산수화를 시작했다지만 후대에 끼친 영향이 거의 없으니 실제 진경산수화를 만든 사람은 정선으로 봐야 맞습니다.

판사　　으음, 이 문제는 보는 관점에 따라 생각이 달라지겠군요. 하지만 이순신과 거북선처럼 정선과 진경산수화도 불가분의 관계인 것만큼은 인정해 줘야겠습니다. 더불어 정선 이전에도 진경산수화를 그리려는 노력이 있었다는 점도 인정해 줘야겠군요.

　　많은 방청객이 고개를 끄덕였다. 법정 안을 한참이나 둘러보던 판사는 못내 궁금하다는 듯 다음 질문을 이어 갔다.

라이트 형제
세계 최초의 동력 비행기 제작자인 미국의 윌버 라이트와 오빌 라이트 형제를 이르는 말입니다.

3 진경산수화는 어떻게 생겨났을까?

판사 그런데 진경산수화는 어떻게 생겨났습니까?

나진경 변호사 한마디로 '조선 중화주의'의 결과입니다.

판사 중화주의라고요?

나진경 변호사 네, 판사님. 중화주의에 대해 이야기하자면 좀 복잡한데 증인을 신청해도 되겠습니까?

판사 좋습니다. 증인은 증인석으로 나오세요.

한국대학교 미술사학과 최고봉 교수. 대학교 박물관장을 겸하고 있으며 30년 동안 한눈팔지 않고 우리 옛 그림 연구에 몰두해 온 성실한 학자이다. 심한 곱슬머리에 두꺼운 안경을 낀 최고봉 교수가 엄숙하게 증인 선서를 했다. 연구 시간을 빼앗기며 이런 데 불려 나

왜 정선은 진경산수화를 그렸을까?

온 게 영 못마땅하다는 표정이었다.

최고봉　선서! 나, 최고봉은 진실만을 말할 것을 맹세합니다.

나진경 변호사　증인은 진경산수화 연구의 최고 권위자라고 들었습니다. 한결같이 진경산수화를 조선 중화주의의 결과라고 강조하셨는데, 과연 중화주의가 무엇인지 자세하게 말씀해 주십시오.

최고봉　아시다시피 조선은 유교의 나라입니다. 유교란 곧 **성리학**을 가리키지요. 중국에서 들어온 성리학은 조선의 대학자인 퇴계 이황과 율곡 이이를 거쳐 전혀 다른 모습으로 변합니다. 중국과 다른 조선만의 독특한 성리학이 완성된 것이지요.

나진경 변호사　귤을 잘못 심으면 탱자가 열린다고 했는데, 조선에서는 더 맛있는 오렌지가 열린 셈이네요.

최고봉　허허허! 딴에는 그렇군요.

나진경 변호사　그런데 성리학과 진경산수화가 어떤 관계가 있습니까?

최고봉　조선의 근본 사상인 성리학이 중국이 아닌, 조선 고유의 색깔로 바뀌니 문화와 예술 역시 따라서 바뀌게 되었습니다. 이를테면 문학에는 **정철**의 **한글 가사**와 **최립**의 한국 한문학이 ▶서예에는 **한호**의 석봉체가 이루어지게 됩니다. 이때가 16세기 말이니 정선의

성리학
12세기 중국 남송의 주희가 공자, 맹자의 가르침을 집대성한 유교의 주류 학파입니다. 주희의 이름을 따서 주자학이라고도 부르지요.

정철
조선 중기의 문신입니다. 호는 송강이며 시조와 가사 문학의 대가로서 윤선도와 짝을 이룹니다. 대표작으로는 「관동별곡」이 있습니다.

한글 가사
가사 문학은 시조와 함께 유행했던 문학 양식입니다. 3·4조의 운율이 있으며 자연과 벗삼은 선비의 마음을 표현했습니다.

최립
조선 시대 중기의 문신입니다. 명문장가로 이름을 떨쳤는데, 특히 외교 문서 작성에 능하여 중국에서도 알아주었습니다.

한호
조선 시대의 문신이자 서예가입니다. 이름보다는 호인 석봉으로 널리 알려졌으며 글씨를 매우 잘 써서 당대 최고의 서예가로 꼽혔습니다.

진경산수화보다 150년 정도 앞선 시기입니다.

나진경 변호사　음, 문학과 서예에서는 조선만의 고유색이 완성되었는데 그림에서는 아직 성과를 내지 못했다는 말이군요?

최고봉　그렇습니다. 하지만 중국의 영향을 완전히 떨쳐 버리기에는 때가 일렀던 탓으로 봐야 합니다.

나진경 변호사　그렇다면 어떻게 해서 150년이 더 지난 후에야 그림에서도 조선만의 고유한 색이 완성된 겁니까?

교과서에는

▶ 한석봉은 왕희지체에 우리 고유의 예술성을 더해 단정하면서도 건실한 석봉체를 이루었습니다. 한석봉은 명나라에 보내는 외교 문서를 직접 써서 중국에도 그이름을 알렸으며, 그가 쓴 천자문은 널리 보급되어 일반인들도 석봉체를 많이 따라 썼다고 합니다.

최고봉   그게 바로 조선 중화주의 때문입니다.

나진경 변호사   좀 더 자세하게 말씀해 주십시오.

최고봉   원래 중화주의는 중국이 자기 민족의 문화를 자랑스러워하며 다른 민족을 배척하는 사상입니다. '중화'는 자신들이 세계의 중심이란 뜻이니까요. 그래서 중국은 자기 민족 말고는 모두 오랑캐라 부른 것입니다. 그런데 1644년, 오랑캐인 여진족이 세운 청나라가 중화인 명나라를 멸망시켜 버립니다. 그러자 조선의 선비들은 이제 명나라를 이을 나라는 조선밖에 없다는 생각을 하게 됩니다. 이게 바로 중국이 멸망했으니 우리를 중화라고 여기는 조선 중화주의입니다.

나진경 변호사   조선의 문화가 세상의 중심이 되었으니 조선을 대표할 만한 그림도 나와야 된다는 말씀이시군요? 그런데 왜 하필 정선이 그 일을 해낸 것입니까?

최고봉   이때 ▶조선 중화주의와 맞물려 청나라를 쳐부수고 치욕을 되갚자는 **북벌론**이 대두하게 됩니다. 북벌론은 병자호란 때 청나라에 항복하기를 거부하고 끝까지 싸우자고 주장한 **김상헌**의 후손인 김창협, 김창흡 등 **노론** 문인들이 중심이 되었습니다. 이들은 한양 백악산 기슭에 살았기 때문에 '백악 사단'이라 불렸습니다. 백악 사단은 조선 중화주의에 바탕을 둔 조선 고유의 문화를 완성하려는 시도를 했으며, 특히 시와 그림 분야에서 진경 문화 바

북벌론

문화가 높은 조선이 문화가 낮은 오랑캐에게 당했던 수치를 씻고, 임진왜란 때 조선을 도와준 명나라에 대한 의리를 지키기 위해 명나라를 대신하여 복수하자는 주장입니다.

김상헌

조선 중기의 문신입니다. 호는 청음이며 병자호란 때 끝까지 싸우자는 주전론을 펴다가 나중에 청나라에 끌려가 6년 동안 고생했습니다.

노론

조선 후기의 정치 세력입니다. 조선의 정파는 처음 동인과 서인이었으나 동인에서 남인과 북인이, 서인에서 노론과 소론이 갈라져 나왔습니다. 노론은 이율곡을 시작으로 송시열을 거치면서 조선 후기 정권의 핵심 세력으로 자리 잡았습니다.

교과서에는

▶ 병자호란이 끝나고 조선은 청나라와 군신 관계를 맺었습니다. 겉으로는 청나라에 사대하는 형식의 외교를 취했지만, 은밀하게 국방에 힘을 쏟으면서 청나라에 대한 북벌을 준비했습니다.

람을 일으켰지요.

나진경 변호사　그래서 어떻게 되었나요?

최고봉　시에서는 **이병연**이 우리 강산의 아름다움을 진경시로 읊어 냈고, 그림에서는 정선이 진경산수화를 창안하게 되었지요. 민족적 각성에 의한 조선의 고유색이 드디어 그림 분야에서도 완성을 보인 것입니다.

나진경 변호사　중국과 전혀 다른 자주적이고 독창적인 조선 그림의 등장! 정말 드라마틱하군요. 그런데 정선과 조선 중화주의는 무슨 관계가 있습니까?

최고봉　이병연, 정선 모두 조선 중화주의를 주장한 백악 사단의 핵심 멤버였습니다.

나진경 변호사　그러니까 16세기 말에 성립된 조선 성리학의 바탕 위에 민족적 우월 의식인 조선 중화주의가 더해져 독자적이고 자주적인 의식 세계가 만들어졌으며, 그걸 그림으로 표현한 것이 진경산수화란 말인가요?

최고봉　정리를 아주 깔끔하게 잘하십니다. 진경산수화를 다른 산수화에 비교한다면, 라디오만 있던 시대에 컬러텔레비전이 등장한 격이지요.

남종화 변호사　문학이나 서예와 달리 유독 그림만 150여 년이 지난 후에 조선의 고유색이 완성되었다는 게 상식적으로 이해가 되지 않습니다. 왜 그런 것입니까?

최고봉　…….

남종화 변호사　왜 말을 못하십니까? 방금 증인은 조선 중화주의가 마치 민족주의인 것처럼 말씀하셨습니다. 그러나 실제로는 민족주의가 아니라 명나라를 받드는 사대주의 아닌가요? 증인, 어떻게 생각하십니까?

최고봉　그, 그건…….

남종화 변호사의 날카로운 질문에 최고봉 교수는 식은땀을 흘리며 우물쭈물 말을 얼버무렸다. 그러자 남종화 변호사가 그의 말을 끊고는 다시 매섭게 다그쳤다.

남종화 변호사　그리고 무엇보다 의심스러운 건 정선이 창안했다는 진경산수화가 그리 독창적이고 창의적인 화풍이 아니라는 것입니다. 제가 조사한 바에 따르면, 진경산수화는 중국의 영향을 많이 받은 것으로 보입니다. 판사님, 이러한 문제를 밝혀 줄 예리한 위원을 증인으로 신청합니다.

판사　허락합니다. 증인은 앞으로 나와 주세요.

판사의 부름에 이름과는 달리 붉은빛이 감도는 통통하고 큰 얼굴의 예리한 위원이 증인석으로 나왔다. 그는 인사동에서 40년째 고미술상을 운영 중이며, 전직 문화재 감정위원이기도 하다. 그는 선서와 자기소개를 마친 후 기다렸다는 듯이 나진경 변호사에게 호통을 쳤다.

프랑스 대혁명
1789년 7월에 프랑스에서 절대 왕정에 대항하여 일어난 시민 혁명입니다. 정치권력이 왕족과 귀족에서 시민에게로 옮겨지는 획기적인 전환점이 되었으며 역사적으로 민주주의 발전에 큰 기여를 했습니다.

예리한   최고봉 교수의 증언에 따르면, 진경산수화가 창안될 당시 조선인에게 민족의식이 뚜렷했다는 말이 됩니다. 그러나 민족주의는 서양에서도 **프랑스 대혁명** 이후인 18세기 이후에나 본격적으로 나타난 것으로 알고 있습니다. 그렇다면 서양보다 훨씬 앞선 시기에 조선에서 민족주의가 나타났다는 말입니까? 너무 이른 것 아닙니까?

나진경 변호사   아닙니다. 이미 고려 시대에 원나라에 저항했다든지, 조선 세종 때 여진족 또는 왜구 등과 싸운 일, 한글을 만든 일도 모두 민족주의의 결과라고 봐야 합니다.

예리한   좋습니다. 그럼 조선 중화주의를 내세우며 청나라 연호를 쓰지 않은 건 이해가 갑니다. 그런데 멸망한 명나라 황제의 사당을 세우고 제사까지 지내며 남몰래 명나라 연호를 쓴 건 어떻게 설명하겠습니까? 더 심한 사대주의 아닌가요?

나진경 변호사   그건 임진왜란 때 조선을 도와준 의리를 지키자는 것입니다.

예리한   의리요? 그게 아니라 자신들의 세력을 지키기 위한 방편이었겠지요. 아까 최고봉 교수가 진경산수화를 조선 중화주의의 결과라고 했습니다. 민족적 자긍심을 바탕으로 우리 문화의 주체성을 내세웠다는 뜻이겠지요. 그렇다면 진경산수화는 중국의 영향 없이 독자적으로 만들었겠네요?

나진경 변호사   전 그렇게 알고 있습니다.

예리한   천만에요. 진경산수화는 중국의 영향에서 조금도 벗어나지 못했습니다.

판사　무슨 말입니까? 이제껏 개성이니 독창성이니 하며 진경산수화를 칭송하고 있는데……

예리한　나는 40년 동안 고미술 수집을 해 오면서 수많은 옛 그림을 보았습니다. 그중에는 중국 그림도 많지요. 놀라운 점은 그 그림 중에 정선의 진경산수화와 비슷한 게 많다는 사실입니다. 정선은 그걸 보고 진경산수화를 그린 게 분명합니다.

판사　구체적으로 말씀해 주십시오.

예리한　정선은 중국의 산수 절경을 모은 판화첩인 《해내기관》, 《명산도》, 《태평산수도》의 화법을 진경산수화의 여러 작품에 빌려 썼습니다.

남종화 변호사　판사님, 예리한 위원이 가져온 《해내기관》, 《명산도》, 《태평산수도》 세 권의 중국 판화첩을 증거로 제출하겠습니다.

판사　허락합니다. 그럼, 증인은 말씀을 계속해 주기 바랍니다.

예리한　예, 알겠습니다. 먼저 《해내기관》을 보면, 정선의 그림과 비슷한 부분이 무척 많습니다. 예를 들면, 정선의 〈해산정〉에는 사람을 닮은 바위를 그려 놓았는데 이게 《해내기관》에서도 자주 발견됩니다. 또 두 사람의 선비가 나란히 서서 손짓하는 〈만폭동도〉의 장면도 《해내기관》과 비슷합니다. 단지 옷차림만 조선 사람으로 바뀌었을 뿐이지요. 《해내기관》은 정선의 스승인 김창흡이 자주 보았다고 하니 정선도 이것을 참고했음이 분명합니다.

예리한 위원이 중국의 그림책을 펼쳐 놓고 정선의 그림과 비교하면서 날카로운 질문을 쏟아놓자 방청석에서 웅성거리는 소리가 들리기 시작하더니 점점 목소리가 높아져 갔다.

"어머, 정말 닮았네."

"닮은 정도가 아냐. 옷차림만 다를 뿐 똑같잖아."

"저걸 어찌 창의력 있다 할 수 있겠어. 저건 중국 것을 모방한 거라고 해야지."

"그럼, 이제까지 우리를 속인 거야?"

그러자 안 되겠다 싶었는지 나진경 변호사가 자리에서 일어나더니 변론을 이어 갔다.

나진경 변호사   정선 같은 대화가가 중국 그림을 보고 배우는 건 당연한 일 아닙니까? 오히려 보지 않았다면 게으른 화가라 할 수 있지요. 부분적으로 모방했다고 정선의 그림 전부를 욕하는 건 옳지 않다고 봅니다.

예리한   부분적이라고요?《명산도》를 보면 구도 전체를 빌려 쓴 흔적이 보이는데 무슨 말씀이십니까? 정선의 〈금강내산총도〉의 뚜렷한 반원 구도는《명산도》에 나오는 구도와 거의 비슷합니다. 또 높은 산봉우리를 표현한 기법이나 그림 아래쪽에 보이는 아치형 다리까지 닮았습니다. 이 밖에 정선의 다른 작품에서도 호수나 바다를 넓게 묘사한 장면이나 정자, 섬의 배치, 배의 모습에서《명산도》의 그림과 비슷한 점을 쉽게 찾아볼 수 있습니다.

미불
중국 북송의 서예가이자 화가입니다. 그림뿐만 아니라 문장이나 미술 이론에도 능하여 미점법이라는 독자적인 화법을 만들어 후세에 전해 주었지요.

예찬
중국 원나라의 화가입니다. 많은 그림을 수집했고 성격이 매우 결백하여 하루에도 몇 번씩 세수를 하고 옷을 갈아입었다고 합니다.

동기창
중국 명나라 때의 화가이자 서예가입니다. 왕희지의 글씨체를 바탕으로 뛰어난 서예 솜씨를 발휘했으며, 남종화에 몰두하여 크게 유행시켰습니다.

나진경 변호사 저는 《명산도》가 정선의 그림과 닮았다는 점에 동의할 수 없습니다. 서양의 풍경화를 봐도 이런 구도는 자주 발견됩니다. 이건 일반적인 구도에 불과합니다. 설사 닮았다고 칩시다. 그럼 정선이 《명산도》를 보고 감동을 받아 〈금강내산총도〉를 그렸다는 말입니까? 이건 대화가의 창조적인 노력을 완전히 무시하는 태도입니다.

예리한 마지막으로 하나만 더 덧붙이겠습니다. 판사님도 정선의 대표작인 〈인왕제색도〉를 아시겠지요? 거기에는 먹물을 듬뿍 묻혀 여러 번 덧칠한 인왕산 봉우리가 보입니다. 그런데 이 기법이 중국의 판화첩인 《태평산수도》에도 나옵니다. 우연이라고 하기에는 놀랍지 않습니까? 진경산수화는 중국의 영향을 직접 받은 게 틀림없습니다.

나진경 변호사 정선이 **미불, 예찬, 동기창** 등 중국의 유명한 화가가 그린 그림을 보고 배운 것은 맞습니다. 우리보다 앞선 문물을 배우는 건 당연한 일이니까요. 지금도 미국이나 유럽으로 유학을 떠나는 사람들이 많지 않습니까? 문제는 다른 나라의 문물을 배웠느냐, 배우지 않았느냐가 아니라, 배운 내용을 얼마나 자기 것으로 만드느냐입니다. 정선은 배운 내용을 재해석하여 새로운 예술 세계를 개척한 화가입니다. 따라서 이를 문제 삼아 비난하는 건 옳지 않습니다.

예리한 나도 정선을 비난하자는 뜻은 아닙니다. 있는 그대로의 사실을 받아들이자는 겁니다. 모두들 너무 '개성적·독창적·자주적'이란 말을 쓰니까 진경산수화가 어느 날 갑자기 하늘에서 뚝 떨어진 것은 아니라고 말하는 것입니다.

나진경 변호사　　저 역시 진경산수화가 오로지 정선의 힘만으로 만들어졌다고 보지는 않습니다. 하지만 너무 세세한 부분까지 중국을 모방했다는 건 더욱 맞지 않습니다. 부분적으로는 중국의 영향이 보이지만, 전체적으로 보면 그야말로 '새 발의 피'에 불과합니다. 오히려 기운생동(氣韻生動)한 느낌은 중국 그림에서는 찾아볼 수 없지요. 따라서 진경산수화는 완전히 새로운 창조라고 봐도 무방하다고 생각합니다.

판사　　이 점에 대해서는 학계의 의견도 분분한 걸로 알고 있습니다. 저도 생각을 더 해 보고 판단을 내려야겠습니다. 양쪽 모두 더 할 말이 많겠지만, 오늘은 이만 마치겠습니다.

　땅, 땅, 땅!

기운생동
중국의 미술 용어로 여섯 가지 화법 중 첫 번째로 꼽는 덕목입니다. 화면 전체에 생동감이 넘쳐 최고의 경지에 이른 그림을 뜻하는 말입니다.

중국의 판화집

《해내기관》,《명산도》,《태평산수도》는 여러 장의 그림을 판화로 찍어 내어 만든 미술 교본입니다.

《해내기관》은 1609년 중국 명나라의 양이증이 만든 판화집으로 모두 10권으로 이루어졌습니다. 역대 중국의 시와 그림에 등장하는 유명한 명승지를 그리고 자세한 설명까지 덧붙였지요.

《명산도》는 《해내기관》보다 좀 늦은 1633년에 출간되었는데 중국의 명산 55곳의 경치를 담아내었지요. 그림의 구도가 매우 안정되었으며, 실제 경치와도 비슷해 《해내기관》보다 세련된 느낌이 듭니다. 《해내기관》에 온갖 그림이 다 실렸다면 《명산도》는 실제 유람할 수 있는 산들을 가려 실었지요.

《태평산수도》는 1648년 소운종이라는 화가가 만들었는데 태평산 전체와 부분 그림 42폭으로 이루어졌습니다. 다양한 화풍과 기법이 동원되었으며 각 그림마다 어떤 화법을 사용했는지 자세히 설명까지 해놓았지요. 이런 판화집은 조선에 수입되어 마땅한 미술 교본이 없었던 화가들에게 좋은 길잡이 노릇을 했습니다. 특히 《태평산수도》는 조선 시대 화가들이 가장 많이 보았던 청나라 때의 판화집 《개자원화보》에 많은 영향을 끼쳤습니다.

다알지 기자

시청자 여러분, 안녕하세요? 역사공화국 법정 뉴스의 다알지 기자입니다. 초미의 관심사였던 심사정 대 정선의 첫 번째 재판이 방금 끝났습니다. 저는 그동안 진경산수화는 정선이 맨 처음 그렸다고 알고 있었는데, 그 이전부터 진경산수화를 그리려는 노력이 있었다는 사실을 새롭게 알게 되었습니다. 양측은 진경산수화가 어떻게 생겨났는지에 대해 전문가를 증인으로 내세워 가며 치열한 공방을 벌였습니다. 피고 측은 진경산수화는 조선 성리학의 바탕 위에 세워진 조선 중화주의의 결과이며, 이전에는 전혀 찾아볼 수 없었던 새롭고 독창적인 화풍이라고 주장했습니다. 반면 원고 측은 진경산수화는 독창적인 화풍이 아니라 중국 그림의 영향을 받아 생겨난 것이라며 그 증거로 중국 판화첩 세 권을 제출했습니다. 그럼 지금부터 원고 측 증인인 전직 문화재 감정위원 예리한 씨와 피고 측 증인인 한국대학교 최고봉 교수를 모시고 이야기를 나눠 보도록 하겠습니다.

예리한

　　진경산수화가 중국 그림을 모방했다는 증거로 중국 판화첩 세 권을 제출했습니다. 왜 자꾸 훌륭한 우리 그림을 트집 잡느냐고 흥분하여 내게 따지는 사람들도 많았지만 새로운 사실을 알게 되었다며 격려해 주는 분들도 있었습니다. 나 역시 진경산수화의 훌륭함을 깎아내릴 생각은 없습니다. 다만 진경산수화에 너무 도취되어 다른 화가들에 대한 대접이 소홀한 것 같아 비판을 제기한 것뿐입니다. 이번 재판을 통해 정선에 비해 상대적으로 낮은 평가를 받고 있는 심사정에 대해서 재평가하는 기회가 되길 기대해 봅니다.

최고봉

　　그동안 진경산수화라는 말만 들었지 그게 어떤 그림인지 제대로 모르는 사람들이 많았습니다. 나는 오랜 연구 끝에 진경산수화가 조선 중화주의의 결과라는 사실을 밝혀냈습니다. 진경산수화는 여느 그림과는 차원이 다른 새롭고 독창적인 예술이라고 생각합니다. 우리 땅, 우리 예술에 대한 자부심이 없었더라면 아마 만들어지지 못했을 것입니다. 이 점은 판사님도 인정해 주셨습니다. 아까운 시간을 빼앗겨 가며 재판에 나왔는데 보람이 있어 개인적으로 매우 기뻤습니다.

진경산수화의 특징은 무엇일까?

1. 진경산수화와 남종 문인화는 무엇이 다를까?
2. 정선은 어느 곳을 그림으로 남겼을까?
3. '정선파'로 불리는 화가는 누구일까?

1

진경산수화와 남종 문인화는 무엇이 다를까?

판사   두 번째 재판을 시작하겠습니다. 오늘도 알아봐야 할 내용이 많은데, 먼저 진경산수화와 남종 문인화의 차이점을 살펴보았으면 합니다. 이걸 알려면 18세기 초 미술계의 동향부터 파악해야 할 것 같은데, 어떻습니까?

남종화 변호사   이 점에 대해서는 원고가 잘 알고 있습니다. 원고 심사정의 얘기를 들었으면 합니다.

원고 측 변호인의 제안에 판사는 대답 대신 고개를 두어 번 끄덕였다. 이를 본 심사정이 기다렸다는 듯 자리를 박차고 일어났다.

심사정   안녕하세요. 내가 바로 심사정입니다. 아까는 소란을 피워

죄송합니다. 나는 피고 정선보다 서른한 살이나 어리답니다. 물론 한때 그의 제자였던 적도 있었지요. 하지만 법정에서 만났으니 피차 물러설 수 없는 입장이고, 이 자리를 빌려 있는 힘을 다해 내 억울함을 풀어 볼 생각입니다.

심사정은 숨을 한 번 크게 내쉬더니 말을 이어 갔다.

심사정　　그때는 조선 중기에 유행했던 절파 화풍이 시들해지고 중국에서 새로운 남종 화풍이 들어오던 시기였어요. 특히 미술 교본인 《개자원화보》가 들어오면서 남종 화풍을 유행시키는 결정적인 역할을 했지요. 남종화는 진경산수화와 함께 당시 미술계를 대표하는 큰 흐름이 되었어요. 그때 나는 광풍처럼 유행하던 진경산수화에 휩쓸리지 않고 남종화를 선택한 선구자라 할 수 있지요.

나진경 변호사　　중국 그림을 따라 그렸는데 선구자라고요? 앞뒤가 맞지 않는 주장이군요. 원고는 왜 진경산수화에 휩쓸리지 않고 남종화를 선택했나요?

심사정　　휴, 자세히 얘기하자면 책 몇 권을 써도 모자랄 판입니다. 내 아버지 심정주는 포도 그림으로 유명했고, 우리 외갓집 식구들도 모두 그림을 잘 그렸어요. 유전인지 나 또한 그림에 재능이 있었습니다. 그렇지만 내 꿈은 화가가 아니었어요. 여느 선비들처럼 높은 벼슬에 올라 세상을 다스리는 거였지요. 그런데…… 한순간에 모든

절파 화풍
명나라 초기 절강성 출신의 대진이라는 화가로부터 시작된 화풍입니다. 진하고 거친 붓질로 강한 인상을 주며 인물을 크게 그리는 특징이 있지요.

《개자원화보》
중국 청나라 때인 1679년~1701년에 걸쳐 왕개·왕시·왕얼 세 형제가 편찬한 미술 교본입니다. 개자원이란 별장에서 만들었다 하여 붙인 이름이며 산수, 사군자, 꽃, 곤충 등의 그림들로 남종화의 본보기이지요.

풍비박산
바람이 날리고 우박이 흩어진다
는 말로 사방으로 날아 흩어진
상황을 표현하는 말입니다.

게 물거품이 되어 버리고 말았습니다.

판사   물거품이 되다니요?

심사정   …….

남종화 변호사   원고의 가슴에 맺힌 한이 많은가 봅니다. 판사님, 제가 대신 얘기해도 되겠습니까?

판사   허락합니다.

남종화 변호사   심사정의 할아버지인 심익창은 왕세제인 연잉군 (후에 영조 임금) 독살 사건에 연루되어 죄인으로 몰려 극형을 당했습니다. 이 일로 집안은 **풍비박산**이 났고, 심사정 역시 대역 죄인의 후손이 되어 벼슬은 고사하고 겨우 목숨만 건지게 되었습니다. 그때 심사정의 나이가 불과 열아홉 살이었으니 그 충격이 얼마나 컸겠습니까?

심사정   어찌해 볼 도리가 없었습니다. 벼슬길이 꽉 막혔으니 다른 길을 택할 수밖에요.

판사   오호, 그래서 재능이 있던 화가의 길로 들어섰단 말인가요?

심사정   명색이 선비인데 장사를 할 수도 없었고, 농사를 지을 수도 없었지요. 오직 그 길밖에는…… 물론 화가의 길도 만만치 않았지요. 대역 죄인의 후손이라 모두들 나를 따돌리는 바람에 평생을 가난에 쪼들리며 살아야 했으니까요. 그러나 나는 그러면 그럴수록 더욱 미친 듯 그림에 빠져들었어요. 그 어려움 속에서도 단 하루도 손에서 붓을 놓은 날이 없었어요.

판사   원고는 질문에 필요한 대답만 하세요.

심사정　원, 성질도 급하시긴. 어련히 다 말해 주지 않을까 봐 재촉하는 거요? 할아버지께서 돌아가신 해가 1725년이지요. 이때는 정선의 진경산수화가 자리를 잡던 때였어요. 모두들 진경산수화에 큰 관심을 가지기 시작했었지요. 그런데 정선은 영조 임금을 비호하던 노론 세력이었지요. 그러니 내가 어떻게 할아버지를 그 지경으로 만든 사람을 따라갈 수 있었겠소!

판사　그래서 정선과는 정반대의 길로 들어선 거로군요?

심사정　그렇습니다. 서로 처해진 상황도 다르고 개성이나 가치관도 다른 만큼 추구하는 예술 세계도 달라야 맞잖습니까. 진경산수화는 실제 경치를 그리지만 남종화는 아닙니다. 화가의 마음속에 있는 경치를 그리는 것이지요. 이를 '사의(寫意)'라 합니다.

판사　사의?

심사정　그리고자 하는 대상의 본질을 표현한다는 의미지요. 겉모습만 닮게 그리는 '사실(寫實)'과는 반대되는 개념입니다. 북종화가 기교적인 면에 치중했다면 남종화는 기술은 다소 서툴러도 높은 정신세계를 강조했습니다. 북종화는 주로 직업 화가들이 그렸지만 남종화는 전문 화가가 아닌 선비들, 즉 문인들이 그렸지요. 그래서 문인화로 부르기도 하고, 뭉뚱그려 '남종 문인화'라고도 합니다. 실제 경치를 있는 그대로 그린 진경산수화에 비해 품격이 한 단계 더 높다고 봐야 하지요.

정선　아니, 중국 그림을 그대로 따라 그리고선 품격이 높다고! 예술의 본질은 새로운 창조에 있어요. 남종화에 무슨 새로운 게 있소?

심사정　당시 세계 문화의 중심지인 중국에는 남종화가 한창 유행이었습니다. 내 그림은 국제적인 유행을 따랐으니 굉장히 세련된 맛이 있었습니다. 진경산수화처럼 붓질이 거친 수준 낮은 그림이 아니었지요.

정선　내 작품의 수준이 낮다고?

판사　피고는 허락을 받고 발언해 주기 바랍니다. 그리고 원고도 근거 없는 비방은 삼가기 바랍니다.

정선　판사님, 심사정이 터무니없는 말로 나를 비하하는데 어떻게 가만있으란 말입니까? 좋습니다. 내 작품 중에 더러 수준 낮은 게 있다는 건 인정합니다. 내 그림을 찾는 사람이 워낙 많아 대필자를 쓰기도 했으니까요. 수준이 낮다면 아마 그런 그림일 것입니다. 이 점에 대해서는 정중히 사과드리는 바입니다.

심사정　몇몇 그림이 아니라 진경산수화 전체가 세련되지 못했다는 말입니다.

정선　그건 보기 나름이오. 다소 거칠어 보이긴 해도 힘이 넘치잖소. 그런 개성과 독창성이 있기에 미술 평론가들이 당신을 낮게, 나를 높게 평가하는 것 아니겠소?

　쾅! 갑자기 요란한 소리가 법정 안을 뒤흔들었다. 흥분한 심사정이 양손으로 탁자를 세게 내리쳤던 것이다. 귀밑까지 새빨갛게 달아오른 심사정이 씩씩대며 말했다.

심사정　그게 바로 나에 대한 오해입니다. 뭘 모르는 사람들은 내가 중국만 좇는다고 비난하지만 그것도 중국 그림에 대한 철저한 이해가 있어야만 가능한 것입니다. 나는 남종 문인화를 우리 식으로 해석하여 진경산수화의 한계에서 벗어나고자 했습니다. 그러기에 사람들이 내 그림을 남종 문인화라고 부르는 대신 '조선 문인화'라 부른 것 아니겠습니까?

판사　자, 흥분하지 마세요. 당사자의 주장만 들으니 누가 옳은지 잘 모르겠습니다. 아무래도 다른 증인을 불러야겠습니다.

삼재

정선의 호가 '겸재', 심사정은 '현재', 조영석은 '관아재'입니다. 그림을 잘 그렸던 이 세 사람의 호의 끝 글자를 따서 '삼재'라고 불렀지요.

판사는 양측 변호사를 번갈아 쳐다보았다. 그러자 나진경 변호사가 피고 측 증인으로 조영석을 신청했다. 조영석은 정선, 심사정과 함께 '삼재(三齋)'로 불리며 조선 후기 미술계를 풍미했던 선비 화가이다. 인물화를 잘 그렸고, 특히 풍속화를 한 단계 더 발전시켜 김홍도와 신윤복이 전성기를 이루는 데 디딤돌 역할을 했다.

판사 증인은 피고 정선을 잘 알지요?

조영석 네, 그렇습니다. 나는 정선과 오랫동안 한동네에 살던 사이였습니다. 나이는 내가 열 살 아래지만 그림에 대해서는 허물없이 터놓고 지냈습니다. 마음에 드는 그림을 그리면 반드시 내게 보여 줄 정도였지요. 정선에 대해 나보다 잘 아는 사람은 없을 겁니다.

판사 증인은 정선의 어떤 점이 위대하다고 생각하나요?

조영석 나도 화가지만 정선은 나와는 비교가 안 될 정도로 천부적인 재능을 타고났습니다. 흔히 말하는 천재이지요. 천재는 게으르다는데 정선은 노력을 게을리하지 않았습니다. ▶산수화의 양대 산맥인 북종화와 남종화의 기법을 모조리 습득했지요. 나아가 두 기법을 결합하고 승화시켜 자기 그림을 새롭게 창조하느라 고민을 거듭했습니다. 그러다가 마침내 북종화의 필법과 남종화의 먹 쓰기를 잘 조화시켜 그걸 화폭에 담아내는 데 성공했지요. 진경산수화는 이런 과정을 거쳐 탄생했습니다.

교과서에는

▶ 진경산수화는 중국의 남종 화법과 북종 화법을 고루 수용하여 우리의 고유한 자연과 풍속에 맞춰 그린 새로운 화법의 그림입니다.

나진경 변호사　북종화의 필법과 남종화의 먹 쓰기를 적절히 조화시켰다고요?

조영석　거참, 한 번 말하면 척 알아들을 일이지. 변호사라는 양반이……. 〈금강전도〉를 예로 들자면, 왼쪽의 울창한 흙산이 남종화의 먹 쓰기이고, 오른쪽의 바위산이 북종화의 필법입니다. 전체적으로도 음양의 조화를 이룬 자연의 섭리를 그대로 드러냈지요.

나진경 변호사　그래서 〈금강전도〉를 진경산수화의 최종 결정판이라 평가하는군요?

조영석　그렇습니다. 나는 살아생전 이미 "조선 300년 역사상 이와 같은 그림은

정선, 〈금강전도〉, 종이에 담채, 130.7×59cm, 삼성미술관 Leeum

볼 수 없다"라고 평가한 바 있지요. 그동안 우리나라 화가들은 산수를 그릴 때 중국 교본에 나오는 대로만 따라 했습니다. 겹겹이 싸인 우리나라의 산봉우리를 한 가지 방법으로만 표현하니 앞과 뒤, 멀고 가까움, 높고 낮음, 얕고 깊음이 제대로 드러날 수가 없었지요. 정선은 우리나라 방방곡곡을 돌아다니며 경치를 관찰한 끝에 마침내 한 가지 방법으로만 그리는 잘못을 없애고 새로운 화법을 창조했습니다. 조선의 산수화가 정선에 의해 새롭게 출발하게 된 것이지요.

원고 측에서 내세운 증인은 강세황이었다. 조선 후기 대표적 문인 화가인 표암 강세황. 심사정과 함께 조선의 남종 문인화를 발전시켰으며 조선 화가로서는 보기 드물게 자화상을 많이 그렸다. 그림 보는 안목이 매우 높아 '예술계의 **총수**'로 불렸다.

남종화 변호사 그림 보는 눈이 매우 정확하다고 소문나셨던데, 증인은 원고와 피고의 그림을 어떻게 보았는지 말씀해 주시지요.

강세황 어떤 사람은 심사정의 그림이, 또 어떤 사람은 정선의 그림이 제일이라고 했소. 두 사람 다 솜씨가 좋은 건 사실이지만 난 개인적으로 심사정의 그림을 더 좋아했소. 한마디로 심사정이 정선보다 낫다고 보오.

남종화 변호사 무슨 근거로 그렇게 말씀하시는 겁니까?

강세황 심사정의 그림은 정신을 **숭상**했소. 이건 정선이 따라올 수 없는 것이지요.

남종화 변호사 정신을 숭상했다고요?

강세황 그렇소. 그림은 사의가 가장 중요하니까.

남종화 변호사 그럼, 정선의 그림에는 사의가 없다는 말인가요?

강세황 그렇소. 그림은 선비의 내면세계를 표현하는 도구가 되어야 하는데 진경산수화는 대상의 겉모습만 똑같이 그리려 했을 뿐이오.

나진경 변호사 이제까지 없던 새로운 화풍의 그림이었으니까요.

강세황　정선이 우리나라의 실경을 가장 잘 그린 건 맞소. 하지만 타성에 젖어 생각 없이 붓을 휘둘렀소. 정선이 그린 돌 모양이나 산봉우리 형태를 잘 보시오. 너무 똑같고 반복적이잖소. 실제 경치를 보고 그렸다면 그림마다 실제 모습이 드러나야 하는데 습관적으로 그린 나머지 그게 보이지 않소. 정선의 금강산 그림이 유명하다고는 하나 내가 보기에는 제대로 된 금강산 그림을 그린 사람은 아직까지 없는 것 같소이다.

타성
오래되어 굳어진 좋지 않은 버릇을 뜻합니다.

나진경 변호사　　그럼 증인은 어떤 그림이 좋은 그림이라고 생각하십니까?

강세황　　습관적인 필법과 경박스러움에서 벗어난 그림이라고 생각하오.

나진경 변호사　　심사정의 그림이 그렇다는 말인가요? 중국 그림을 모방했을 뿐인데요.

강세황　　그게 무조건 나쁘다고 생각하지는 않소. 좋은 그림을 자꾸 모방해 봐야 실력이 느는 법이니까. 나 역시 수많은 **방작(倣作)**을 통해 그림을 배웠소. 심지어 우리 그림에는 없던 **명암법**이나 **원근법**도 서양화로부터 받아들였소. 심사정 역시 중국 화보의 여러 가지 기법을 분석하여 〈강상야박도〉 같은 명작을 만들어 냈잖소.

나진경 변호사　　그렇다면 증인과 원고가 추구한 남종 문인화란 무엇입니까?

강세황　　우리가 그린 남종 문인화는 비록 중국에서 들어왔지만 중국과는 또 다른 조선만의 고유한 색깔이 묻어 있소. 부드럽고 세련된 정통 남종화에 우리 고유의 화법인 거칠고 강한 먹 쓰기를 접목시켰기 때문이오. 얼핏 보면 완벽하거나 세련되지 않은 것처럼 느껴지지만 도리어 그게 중국과 다른 멋을 풍기지요. 이게 조선 남종화의 매력이지요. 무조건 외래문화를 모방했다고 하는 건 크나큰 오해라고 보오.

심사정　　옳소! 잘한다!

심사정, 〈촉잔도〉(부분), 종이에 담채, 58.1×81cm, 간송미술관

심사정이 흥이 나서 소리쳤다. 판사가 언짢은 표정으로 주의를 주려 하자 남종화 변호사가 재빨리 한마디 거들었다.

이당
중국 송나라의 화가입니다. 휘종 황제 밑에서 화원으로 활동했으며, 바위나 산의 질감을 입체적으로 표현하는 데 사용하는 기법의 하나인 대부벽준 기법을 완성했지요.

남종화 변호사　그렇습니다. 심사정의 최고 명작인 〈촉잔도〉를 보십시오. 남을 헐뜯기 좋아하는 사람들은 송나라 **이당**의 그림을 흉내 냈다고 꼬투리를 잡겠지만, 이 그림은 외래와 전통이 잘 결합된 남종 문인화의 결정판입니다. 진경산수화 못지않은 훌륭한 그림이지요.

판사　흠, 오늘 자세한 얘기를 들어 보니 적잖은 오해가 있었던 것 같습니다. 그동안 많은 사람들이 심사정을 중국 그림을 모방하기만한 형편없는 화가로 평가했는데 그게 다는 아닌 것 같군요. 무조건 모방한 것이 아니라 우리의 입맛에 맞는 내용을 골라 그만의 조선 화풍을 만들었다고 할 수 있으니까요.

왜 정선은 진경산수화를 그렸을까?

남종화와 북종화

남종화와 북종화의 구별은 명나라 화가인 동기창, 막시룡, 진계유로부터 시작됐습니다. 이들은 화가의 출신과 화풍에 따라 문인 화가를 남종화 화가로, 직업 화가를 북종화 화가로 구분 지었지요. 그리고 남종화의 시조로는 당나라의 왕유, 북종화의 시조로는 당나라의 이사훈을 꼽았지요.

남종화는 비전문가의 그림이므로 기교는 다소 서툰 대신 간결하고 은은한 색깔로 정신세계를 표현했으며, 북종화는 전문 화가의 작품이니 기교가 매우 세련되었고 색깔도 화려하며 강렬한 선과 세밀한 묘사가 돋보입니다.

정선은 어느 곳을
그림으로 남겼을까?

판사   진경산수화 하면 흔히 금강산 그림을 꼽더군요. 피고 정선이 금강산을 즐겨 그린 까닭을 알고 싶군요.

나진경 변호사   이 점에 대해서는 피고 정선이 직접 말하는 게 좋을 것 같습니다.

판사   허락합니다.

나진경 변호사   다들 피고를 '금강산 화가'라고 부릅니다. 굳이 금강산을 즐겨 그린 까닭은 무엇인지요?

정선   진경산수화의 '진경(眞景)'은 비슷한 한자어인 '진경(眞境)'이라고도 씁니다. 여기서 진경은 사람들에게 특별한 영감과 감탄을 주는 아주 특별한 경치를 말하지요.

나진경 변호사   금강산이 진경이라는 말입니까?

정선　예. 금강산은 이름 그대로 다이아몬드처럼 단단하고 빛나는 봉우리들이 즐비합니다. 대부분 화강암과 편마암의 **풍화·침식 작용**으로 이루어졌지요. 중국과는 아주 다른 모습이니 조선적인 산수화를 그리기에는 안성맞춤이었습니다. 이를 위해 세 번이나 금강산을 다녀왔지요.

남종화 변호사　세 번? 나도 두 번이나 갔다 왔는데……

정선　허허, 옛날과 지금을 비교하다니. 그때는 차도 없고, 머물 숙소도 없었습니다. 먹을거리를 잔뜩 짊어진 채 걷고 또 걸어야 했어요. 한 번 떠나면 보통 몇 달씩 걸렸습니다. 그렇게 세 번이라면 굉장한 일이지요.

남종화 변호사　그만큼 피고의 형편이 좋았다는 말 아닙니까? 원고는 평생 쪼들려 살며 고생만 했는데 피고는 자기 필요에 의해서 여행이나 다니고……. 그러니 진경산수화 같은 그림도 그릴 수 있었겠지요.

나진경 변호사　돈이 있다고 아무나 진경산수화를 그릴 수 있는 것은 아닙니다. 오히려 진정한 예술은 가난에서 나온다고 하지 않던가요?

남종화 변호사　가난에서 진정한 예술이 나온다고요? 그건 빛 좋은 개살구입니다. 살림이 펴야 예술도 펴지는 법이지요.

판사　자자, 그만들 하세요. 애들처럼 틈만 나면 다투시기는……. 피고는 진술을 계속해 주세요.

정선　내 나이 서른여섯 살이 되던 1711년에 처음으로 금강산 여

풍화·침식 작용
풍화 작용은 암석이 바람·물·기후 등에 의해 변질되는 것이며, 침식 작용은 비·바람·빙하·강물 따위의 활동에 의하여 지표면이 점점 깎이는 걸 말합니다.

서릿발 준법
깎아지른 봉우리를 나타내기 위
해 수직선을 길게 내리긋는 화법
을 말합니다.

미가운산법
비구름과 안개에 싸인 산을 표현
하는 화법을 말합니다. 길쭉한 점
을 짙은 먹으로 찍어 먹 번짐의 효
과로 울창한 숲을 표현하는 방법
입니다.

『주역』
유교 경전인 『역경』을 말하며
『시경』, 『서경』과 더불어 삼경이
라고 불립니다. 약 2만 4,000자
로 되어 있는데 우주 만물의 운
행 이치를 담고 있으며, 길흉화
복을 점치기도 합니다.

행을 다녀왔습니다. 나의 벗 이병연이 금강산과 가까운 금
화에 현감으로 가 있었는데 그곳으로 초대해 주었지요. 금
강산 여행 이전부터 어떻게 하면 우리 산천을 제대로 그려
낼 수 있을까 고민했었는데, 마침내 이 여행에서 실마리를
찾게 되었습니다.

나진경 변호사　　　진경산수화의 실마리를요?

정선　　　그렇습니다. 나는 여행 중에 틈틈이 금강산의 아
름다움을 화폭에 남겼습니다. 그것이 바로《신묘년 풍악도
첩》에 있는 13점의 그림이지요. 진경산수화의 가장 초기
모습입니다.

나진경 변호사　　　구체적으로 어떤 모습입니까?

정선　　　뾰족한 바위산은 **서릿발 준법**(수직준)을, 숲이 울
창한 흙산은 **미가운산법**을 썼습니다. 바위산은 『주역(周易)』에서 말
하는 양(陽)이고 흙산은 음(陰)이 되어 전체적으로 어렴풋한 음양의
대비를 이루도록 했습니다. 내 전매특허인 T자형 소나무 모습도 선
보였지요. 또 중국 사람 대신 갓 쓰고 도포 입은 조선 사람을 그려 넣
었습니다. 이건 남종화와 결정적인 차이점이지요.

남종화 변호사　　　어느 나라 사람인지가 뭐 그리 중요합니까? 그림
속의 뜻이 중요한 것이지요!

정선　　　우리나라 그림이라면 당연히 우리나라 사람을 그려야지요.
이건 가장 기본 중의 기본입니다. 그런데도 이전에는 아무도 그렇게
하지 않았지요. 그 정도로 중국의 영향이 컸다는 말입니다. 나는 이

서릿발 준법

T자형 소나무

정선, 〈해산정〉《신묘년 풍악도첩》, 비단에 담채, 37.6×26.8cm, 국립중앙박물관(중박 201103-175)

《신묘년 풍악도첩》을 기본으로 진경산수화를 점점 완숙하게 다듬어 나갔습니다.

나진경 변호사　그 뒤로도 진경산수화를 완성하기까지 20~30년이 나 더 걸렸잖아요.

정선　그렇습니다. 하나의 기념비적인 예술 세계의 완성이 그만큼 어렵다는 거지요. 다음 해인 1712년, 금강산을 다시 다녀왔습니다. 역시 이병연의 초청이었지요. 이번에는 금강산 곳곳을 30점의 그림 으로 남겨《해악전신첩》이라 이름을 붙였습니다. 이걸 이병연에게 선물했는데 아쉽게도 지금은 남아 있지 않습니다만, 이 화첩으로 나의 진경산수화는 세상에 널리 알려지게 되었습니다. 그림 주문이 쏟아져 대필자를 쓴 것도 이때부터이지요.

나진경 변호사 모두들 왜 그렇게 금강산 그림을 찾은 건가요?

정선 명승지 그림을 집안에 걸어 놓고 누워서 즐기는 게 선비들의 멋이었거든요. 이를 좀 어려운 말로 '와유(臥遊)'라고 하지요.

나진경 변호사 금강산 말고 다른 곳은 그리지 않았나요?

정선 그렸지요. 전국의 명승지라면 가리지 않고 그렸습니다. 진경 화법으로 영남 지방을 여행하면서 《영남첩》도 그렸지요.

나진경 변호사 북쪽의 금강산부터 남쪽의 영남 지방까지 발이 닳도록 돌아다니셨군요?

정선 맞습니다. 쉰여덟 살 때인 1733년에는 청하 현감으로 부임하여 동해안의 명승지인 **관동 팔경**을 두루 여행을 했고 그것들을 모두 그림으로 남겼습니다. 이 밖에 도산 서원, 울진 성류굴, 합천 해인사도 내가 창안한 진경 화법으로 그렸지요.

나진경 변호사 차근차근 진경산수화를 완성해 나간 거로군요.

정선 그렇지요. 1734년, 내가 쉰아홉 살 때 드디어 생애 최고 작품인 〈금강전도〉를 완성했습니다. 지금 생각해도 가슴이 뭉클하네요.

나진경 변호사 〈금강전도〉를 그리기 위해 또다시 금강산 여행을 했다는 말입니까?

정선 아닙니다. 22년 전의 기억을 되살려 그렸지요.

왜 정선은 진경산수화를 그렸을까?

나진경 변호사   기억을 되살려 그렸다고요?

정선   눈을 감아도 떠오르는 게 금강산입니다. 이 그림
은 내 진경산수화의 완결판입니다. 나는 한 마리의 새로
변해 하늘 높은 곳에서 내려다보듯 금강산 전체의 모습을
한 장의 그림에 몽땅 담았지요. 이것이 흔히 말하는 **부감법**입니다.

남종화 변호사   새가 되어 하늘을 난다고요? 이것 보세요. 원고가
그린 남종 문인화를 보고 비현실적이라고 비판하더니 숫제 이건
뭐……. 비행기도 없던 시대에 하늘을 날아 금강산을 그렸다고요?
그렇다면 진경산수화야말로 비현실적인 그림 아닙니까?

부감법
회화에서 가장 흔히 사용되고 있
는 것으로 거리감을 표현하는 방
법입니다.

미점준
큰 점들을 옆으로 찍어 나가는 기법으로 송나라 화가 미불이 만들었다고 해서 붙여진 이름이지요.

정선　금강산 전체의 모습을 한 장의 그림으로 표현하려면 그렇게 상상의 나래를 펴는 수밖에 없었습니다. 이게 바로 작가의 독창성이자 개성이지요.

나진경 변호사　그렇습니다. 서양 그림이 대개 한곳에서만 경치를 바라보고 그렸다면 〈금강전도〉는 공간의 제약에서 완전히 벗어났지요. 화가가 느낀 자연의 완전한 모습을 표현해 내기 위해 다양한 시점을 사용했습니다.

정선　나는 이 그림을 완성하기 위하여 남·북종 화법의 장점을 고루 사용했습니다. 이미 〈금강내산총도〉에서 사용한 기법을 더욱 발전시켰지요. 오른쪽에 있는 뾰족한 1만 2,000개의 우리는 쭉쭉 내리긋는 수직준을 썼습니다. 이건 북종화의 붓놀림 기법을 활용한 것이지요. 수직준은 내 특유의 필법으로 진경산수화의 상징처럼 되었습니다. 우리 산의 특징인 화강암 덩어리를 표현하는 데 이보다 나은 방법은 없습니다. 또 왼쪽의 기름진 흙산은 **미점준** 기법을 사용했습니다. 이건 남종화의 먹 번짐 기법이지요. 습기 많은 우리나라 장마철의 날씨를 상징하기도 합니다.

나진경 변호사　그림 한 점에 우리나라의 자연과 기후까지 담아내다니! 지질학자에 기상학자까지 겸한 셈이군요.

정선　남·북종화가 조화를 이룬 이런 창조적인 발상은 중국에서도 해내지 못한 대단한 일이지요. 부드러움과 강함의 조화! 바로 성리학의 기본 경전인 『주역』에서 말하는 음양 조화의 원리 아닙니까. 원형 구도 역시 『주역』에서 말하는 태극 문양을 빌렸습니다. 마지막

수직준

미점준

정선, 〈금강내산총도〉, 《해악전신첩》, 비단에 채색, 32.5×49.5cm, 간송미술관

으로 금강산 위로 푸른 하늘을 그렸지요. 한 장의 종이 속에 거대한 우주가 창조된 것입니다.

나진경 변호사   그렇게 깊은 뜻이…….

정선   조금 전 원고 측에서는 내 그림에 사의가 없다고 비판했습니다. 하지만 내가 그린 금강산 그림을 보면 자연의 모습을 그대로 그리되 내 뜻에 따라 변형됐다는 것을 확인할 수 있을 겁니다. 이것이 바로 한층 발전된 사의지요. 그림에 온 우주를 담았으니까요. 그래서 "신운이 감돈다"라는 극찬을 받은 것 아니겠습니까?

나진경 변호사   피고가 그린 진경산수화는 이게 끝입니까?

정선   그렇지 않습니다. 내가 살던 곳도 빠뜨릴 수가 없지요. 지금의 서울 강서구 부근인 양천 현령으로 근무할 때는 한강의 명승지를

《경교명승첩》
정선이 한양 주변의 풍경을 그린 대표적인 진경산수화첩입니다. 모두 33점의 그림이 있으며 한강의 명승지는 물론 친구 이병연과 주고받은 편지를 주제로 한 그림까지 포함되어 있습니다.

모조리 그려 《경교명승첩》을 만들었습니다. 내가 살던 인왕산 주변의 모습도 빠짐없이 그림에 담았지요. 〈인곡유거도〉, 〈청풍계도〉가 그런 작품입니다. 한양 주변의 모습은 금강산 다음으로 내가 즐겨 그린 곳입니다.

나진경 변호사 피고는 주로 우리나라의 이름난 경치와 자신이 살던 곳을 그림으로 그리셨군요? 그래서 몇몇 사람들은 할 일 없는 양반이 심심풀이로 그린 거라며 비난하던데요. 이러한 평가에 대해서는 어떻게 생각하십니까?

정선 경치 좋은 명승지나 내가 살던 곳부터 그리는 건 당연한 일 아닙니까?

나진경 변호사   아, 그렇겠군요.

정선   보통 나이가 들면 붓을 놓는 법인데 내 그
림은 나이가 들수록 더욱 무르익었습니다. 1751년
에는 그 유명한 〈인왕제색도〉를 완성했지요. 붓에
짙은 먹물을 듬뿍 찍어 여러 번 덧칠한 쇄찰준 기
법은 장중하고도 힘이 넘쳐 다들 일흔여섯 살의
노인이 그렸다고는 믿지 않았지요. 이 그림으로
진경산수화의 대단원을 장식했습니다. 그 뒤 많
은 화가가 내 그림을 따라 그리기 시작하여 대유
행이 되었지요.

나진경 변호사   완전히 한 편의 드라마를 본 듯하
네요. 저는 진경산수화가 어느 날 갑자기 하늘에
서 뚝 떨어진 줄 알았더니 뼈를 깎는 노력이 뒤따
랐군요. 천재는 1퍼센트의 영감과 99퍼센트의 노
력으로 이루어진다는 **에디슨**의 말이 실감납니다.
오랜 연구 끝에 중국 화법을 우리 것으로 만들어
낸 피고의 노력에 경의를 표합니다.

정선, 〈청풍계도〉, 비단에 담채, 95×36cm,
고려대학교 박물관

에디슨
미국의 발명가 토머스 에디슨
은 전화기, 백열전등, 축음기 등
1,300가지가 넘는 특허를 얻어
발명왕이라 불립니다.

3 '정선파'로 불리는 화가는 누구일까?

판사   당시에도 '진경산수화'라는 말을 썼나요?

나진경 변호사   아닙니다. 진경산수화는 현대 미술사학자들이 붙인 이름입니다.

판사   진경산수화를 당시에는 그렇게 부르지 않았다고요? 음, 재미있는 사실이군요.

나진경 변호사   당시에는 그냥 '진경'이라고 불렀습니다. 1980년대 들어서서야 비로소 진경산수화라고 부르기 시작했지요. 진경산수화의 역사는 300년이나 되었지만 진경산수화라는 말이 쓰인 지는 겨우 30여 년밖에 되지 않았습니다.

판사   많은 화가가 정선을 따라 진경산수화를 그렸겠지요?

나진경 변호사   그렇습니다. 그런 화가들을 '정선파' 또는 '겸재 일파'라고 부릅니다. 대부분 18세기 중엽에서 19세기 초까지 활동했습니다.

판사 정선파? 설마 이상한 조직은 아닐 테지요?

나진경 변호사 푸훗! 판사님도……. 모두 순수한 예술인입니다. 물론 일정한 체계를 갖춘 조직이 아니라 정선의 화법을 쓴 화가를 뭉뚱그려 부르는 말이지요. 예를 들면 정선의 대표적 필법인 수직준과 미점준, T자형 소나무, 짙은 먹물로 덧칠한 대부벽준, 그리고 높은 곳에서 내려다보는 부감법 등을 썼습니다. 대표적인 화가로 **강희언**을 들 수 있습니다. 강희언은 〈인왕산도〉라는 진경산수화를 남겼지요.

판사 〈인왕산도〉? 정선도 〈인왕제색도〉를 그렸다고 하지 않았나요?

나진경 변호사 네. 두 그림 모두 인왕산의 모습을 그린 것입니다. 느낌은 서로 다르지만 정선과 비슷한 부분이 군데군데 발견됩니다. 산을 나타내는 데 미점준을 썼다든가 T자형 소나무, 그리고 짙은 먹물로 덧칠한 기법이 등장하거든요.

남종화 변호사 제 눈에는 이게 정선의 작품보다 더 나은 것 같군요. 강세황도 그 그림을 놓고는 "진경을 그리는 일은 지도와 비슷하게 되는데 이 그림은 그렇지 않고 매우 잘 그렸다"라고 평했습니다. 정말 정선의 영향을 받은 그림이 맞나요?

나진경 변호사 강희언은 자기 입으로 직접 정선에게 그림을 배웠다고 말했습니다.

강희언
조선 후기의 화가입니다. 호는 담졸이며 정선에게 그림을 배웠습니다. 강세황, 김홍도와 가까이 지내며 〈인왕산도〉, 〈돌 깨는 석공〉, 〈사인삼경도〉 등을 남겼지요.

정선, 〈인왕제색도〉, 종이에 수묵, 79.2×138.2cm, 삼성미술관 Leeum

강희언, 〈인왕산도〉, 종이에 담채, 24.6×42.6cm, 개인 소장

남종화 변호사 　청출어람(靑出於藍)이군요. 제자가 스승보다 뛰어나다니. 또 어떤 화가가 있는지 말씀해 주세요.

나진경 변호사 　정충엽 역시 정선의 수직준과 미점준을 써서 금강산을 그렸지요. 정선의 그림과 많이 닮았으나 구도나 기법에서 수준이 좀 떨어집니다. 또 김윤겸이라는 화가는 1768년 금강산 명승지 7곳을 그려《금강산화첩》을 만들었습니다. 정선과 다른 점도 많지만 역시 수직준과 나무 묘사에서 정선의 영향이 엿보입니다.

남종화 변호사 그런 사소한 일을 가지고 정선의 영향을 받았다고 할 수 있습니까? 우리 산수화는 먹으로만 그리기 때문에 어느 것이나 비슷해 보이잖습니까?

나진경 변호사 비슷하면서도 다르다는 것은 화가 나름대로 자신만의 개성을 살리려고 노력했다는 증거입니다. 이러한 시도들 덕분에 진경산수화의 영역이 한층 넓어졌다고 할 수 있지요. 김응환도 왕명으로 금강산을 여행한 후 많은 그림을 남겼습니다. 역시 수직준과 미점준이 엿보이며 독특한 원형 구도도 빌렸지요. 그런데 자세히 보면 등장인물을 중국 사람으로 그려 놓아 정선과는 다른 느낌이 물씬 풍깁니다.

남종화 변호사 정선이 그린 조선 사람의 모습이 얼마나 어색했으면 중국 사람의 모습으로 되돌렸겠습니까!

나진경 변호사 아닙니다. 여기서 비판받을 사람은 정선이 아니라 김응환입니다. 그렇게 공들여 조선 사람으로 바꾸어 놓았는데 옛날로 되돌렸으니까요. 당시 대부분의 화가가 정선의 화법을 추종했지요. 김석신의 〈도봉도〉 역시 전체 구도나 짙은 먹물로 덧칠한 방법, 소나무 모양이 정선의 그림과 닮아 있지요. 이 밖에도 정선의 손자인 정황을 비롯해 최북, 김득신 등도 정선의 화법을 받아들였습니다. 19세기에 들어서면 정수영, 김하종, 조정규 같은 화가가

청출어람
쪽에서 뽑아낸 푸른빛이 쪽보다 더 푸르다는 뜻으로, 제자나 후배가 스승이나 선배보다 나음을 비유적으로 이르는 말입니다.

김윤겸
조선 후기의 화가입니다. 호는 진재이며 금강산과 한양 주변, 그리고 단양 팔경을 여행하면서 진경산수화를 그렸습니다. 《금강산화첩》, 《영남명승기행사경첩》 등의 작품이 있습니다.

김응환
조선 후기의 화가입니다. 호는 복헌이며 도화서 화원으로 김홍도와 함께 금강산을 여행하면서 진경산수화를 그렸습니다. 남종 문인화에도 능했으며, 《금강산화첩》 등의 작품을 남겼습니다.

김석신
조선 후기의 화가입니다. 호는 초원이며 도화서 화원으로 정선의 영향을 받아 진경산수화를 잘 그렸지요. 대표작으로는 〈도봉도〉, 〈가고중류도〉 등이 있습니다.

김응환, 〈금강전도〉, 종이에 담채,
27.5×35.5cm, 개인 소장

김석신, 〈도봉도〉, 종이에 담채,
53.7×36.6cm, 개인 소장

더욱 독특한 개성으로 진경산수화를 그려 우리 자연의 아름다움을
마음껏 드러냈습니다. 이렇게 진경산수화는 정선을 중심으로 조금
씩 변화를 거듭해 왔던 것이지요. 앞서 열거한 이들이 모두 당대에
이름난 화가였으니 정선의 영향력이 얼마나 컸는지 충분히 짐작할
수 있습니다.

판사   듣고 보니 정말 많은 화가가 정선의 영향을 받았군요.

나진경 변호사   원고 심사정조차 진경산수화를 그렸다는 사실을
아십니까?

판사　네? 그것 참 의외인데요.

나진경 변호사　《경구팔경첩》이라는 화첩에는 한양 주변 8곳의 풍경을 그렸습니다. 하지만 심사정의 진경산수화 솜씨는 형편없었던 모양입니다. 실제 풍경과 전혀 닮지 않아 강세황조차 "이런 풍경이 과연 한양 근처에 있기는 한 걸까?"라고 했지요.

　원고인석에 앉아 있던 심사정이 계속 헛기침을 했다. 그러자 남종화 변호사가 재빨리 심사정을 변호하고 나섰다.

심사정, 〈망도성도〉, 《경구팔경첩》, 종이에 담채, 24.6×13.5cm, 개인 소장

남종화 변호사　진경산수화는 심사정의 전공이 아닙니다. 심심풀이로 그렸을 뿐입니다.

나진경 변호사　얼마나 중국풍의 그림이 몸에 배었는지……. 진경 산수를 그릴 때조차 중국 산수의 전통을 따르려 했다는 증거이지요.

남종화 변호사　문인 화가의 사의를 매도하지 마십시오!

판사　또 말다툼입니까! 그만들 하세요. 피고 측 변호인, 진경산수화를 그린 화가는 그게 전부입니까?

나진경 변호사　천만에요. 또 한 명의 대가가 있습니다. 바로 김홍도입니다. 그를 증인으로 신청합니다.

"김홍도? 그 유명한 풍속화가 말이야?"

"드라마에도 나왔었잖아."

"이 사람아, 어디 드라마뿐인가! 영화와 소설에도 주인공으로 나왔었잖아. 어? 저기 온다. 사인이나 받아 둘까?"

갑자기 법정 안이 어수선해졌다. 모두들 무슨 연예인이라도 온 것처럼 난리였다. 김홍도는 여유로운 팔자걸음으로 천천히 걸어 나왔다.

"와! 영화배우처럼 잘생겼네. 키도 훤칠하고 말이야!"

"모두들 신선이라 불렀다니, 과연 별명 그대로군."

김홍도가 증인 선서를 하려고 손을 들자 법정 안은 거짓 말처럼 조용해졌다. 사람들은 침을 꿀꺽 삼키며 김홍도의 다음 말을 기다렸다.

화성, 화선
화성은 그림의 성인, 화선은 그림의 신선을 말하지요.

김홍도　안녕하십니까? 김홍도입니다. ▶사람들은 나를 풍속화가로만 여기지요. 내가 풍속화의 전성기를 연 건 맞습니다. 하지만 풍속화는 일부일 뿐입니다. 나는 모든 그림을 잘 그렸지요.

나진경 변호사　증인의 풍속화와 피고의 진경산수화는 조선을 대표하는 그림입니다. 간단하게 평을 해 주시지요.

김홍도　둘 다 이전에 없었던 새로운 그림입니다. 만약 이게 없었더라면 우리나라의 미술사가 어떻게 되었을까요? 오우! 생각만 해도 끔찍합니다.

나진경 변호사　그래서 미술계에서는 두 분을 특별하게 부른다면서요?

김홍도　껄껄껄! 쑥스럽게……. 다들 정선을 '화성(畫聖)', 나를 '화선(畫仙)'이라고 부릅니다.

나진경 변호사　증인의 그림도 피고의 영향을 받았습니까?

김홍도　물론입니다. 난 피고보다 69년이나 늦게 태어났습니다. 두 세대가 넘게 차이가 나지요. 정선이 1세대, 심사정이 2세대라면 나는 3세대 화가입니다. 내가 태어날 무렵에는 진경산수화가 한창 유행이었고, 남종 문인화도 많

교과서에는

▶ 김홍도는 산수화, 기록화, 신선도 등을 많이 그렸습니다. 그러나 그중에서도 가장 뛰어난 것은 정감 어린 풍속화입니다. 그는 〈밭갈이〉, 〈추수〉, 〈씨름〉, 〈서당〉 등에서 자신의 일에 몰두하는 사람들의 모습을 소탈하고 익살스럽게 그렸습니다.

이 그려지고 있었지요. 1세대가 우리 고유의 문화를 앞세 웠다면 2세대는 중국풍으로 돌아가려 했지요. 나는 고민 끝에 정선의 진경산수화를 그리기로 했습니다. 조선 고유 의 문화를 잇는 게 훨씬 가치 있다고 여겼기 때문입니다.

나진경 변호사　당신처럼 재능 있는 화가야 당연히 진경 산수화를 그렸겠지요.

김홍도　단, 바탕은 진경산수화로 하되 남종 문인화의 기법도 응 용했습니다. 정선이 남·북종화를 함께 활용한 것처럼 말이지요. 그 래서 내 진경산수화는 정선과 많이 다릅니다. 훨씬 사실적이고 섬세 하며 부드러우면서도 서정적이지요. 구도 역시 차이가 납니다. 정선 은 단조로운 음양의 조화를 사용했지만 나는 **대기원근법** 같은 다양 한 구도를 활용했습니다. 다들 내 진경산수화에는 어딘지 모르게 사 의가 넘친다는 평을 했습니다.

남종화 변호사　가만가만, 섬세하고 부드럽고 사의가 넘치는 진경 산수화? 오히려 심사정의 냄새가 나는군요.

김홍도　그렇기도 합니다만, 굳이 말하자면 '새로운 정선 화풍'이 라고 하는 게 맞겠지요. 사실 난 정선의 진경산수화나 조영석의 풍 속화처럼 완전히 새로운 종류의 그림을 만들지는 못했습니다. 도화 서 화원이라 임금이나 선비들의 요구에 따라 그림을 그리는 일이 더 많았거든요. 대신 이왕 있던 그림을 더 화려하게 꽃피우는 쪽으로 신경을 썼습니다. 그래서 풍속화와 새로운 진경산수화의 완성이라 는 두 마리의 토끼를 한꺼번에 잡을 수 있었지요. 이건 정선조차 이루지 못한 일입니다. 이것이 바로 내가 정선의 영향을 받았지만 적어도 정선파라는 말을 듣지 않는 이유입니다.

남종화 변호사　　방금 증인은 증인의 그림이 정선의 진경산수화와 심사정의 남종 문인화를 응용한 것이라고 했습니다. 당시 두 화가의 솜씨가 똑같이 대단했다는 뜻인데, 지금 와서는 진경산수화만 유달리 높은 평가를 받고 있습니다. 그 까닭이 뭐라고 생각합니까?

김홍도　　정선의 그림만 높게 평가받는다고요? 그럴 리가요? 두 사람 모두 우열을 가리기 힘들 정도로 실력파였는데……. 뭔가 잘못된 것 아닙니까?

나진경 변호사　　그림을 평가하는 기준이 시대가 지남에 따라 변했기 때문입니다. 지금은 옛날과 달리 화가의 개성과 독창성을 첫 번째로 꼽습니다. 또한 민족적·진보적 관점에서 본다면 현실성도 매우 중요한데 심사정의 그림에는 이런 점이 거의 없다고 봐야겠지요.

남종화 변호사　　그건 현대적인 관점에서만 바라본 평가일 뿐입니다. 당시에는 민족적·진보적이라는 개념조차 없었던 시절입니다. 정선의 진경산수화는 좋은 경치를 유람하려는 양반들의 풍류를 나타낼 뿐입니다.

김홍도　　그렇소. 그림은 그림으로만 봐야 합니다. 당시의 상황도 고려해야지 현대인의 입맛에만 맞게 평하는 것은 옳지 않은 일이라고 생각합니다.

"어라? 김홍도는 피고 측 증인이야, 원고 측 증인이야?"

고흐
19세기 네덜란드 화가로 인상파의 영향을 받아 독특한 자신의 화풍을 확립했으며, 20세기 야수파에 큰 영향을 주었지요.

"그러게 말이야. 나진경 변호사 똑똑한 줄 알았더니⋯⋯. 혹시 원고 측 스파이 아냐?"

나진경 변호사는 자신도 상상하지 못했던 상황이 벌어지자 서둘러 변명을 했다.

나진경 변호사　심사정에게 잘못이 있다면 미래를 내다보지 못했다는 것입니다. 하지만 또다시 100년이 지나 그림 보는 관점이 바뀐다면 심사정의 그림이 더 높이 평가받는 날이 올지도 모르지요. 고흐가 죽은 후에야 그의 그림이 비싸게 팔렸던 것처럼 말이지요.

판사   알겠습니다. 증인과 양쪽 변호인의 애기를 들어 보니 진경 산수화도 크게 유행했지만 심사정의 남종 문인화 또한 중요한 흐름 이었다는 것을 알았습니다. 이상으로 둘째 날 재판을 모두 마치기로 하겠습니다.

  땅, 땅, 땅!

옛 그림의 종류

　옛 그림을 분류하는 방법은 여러 가지인데 흔히 그리는 대상에 따라 다음과 같이 분류합니다. 산수화는 산과 물, 즉 자연을 그린 그림인데 풍경화와 비슷하지요. 사군자화는 매화, 난초, 국화, 대나무 등 네 가지 식물을 그리는데 보통 사계절과 짝을 맞추어 그리지요. 화조화는 꽃과 나무, 새 그림입니다. 또 호랑이, 고양이 같은 육상 동물 그림은 영모화, 풀벌레 그림은 초충도, 바다 생물 그림은 어해도라고 하지요. 인물화에는 초상화와 자기 자신을 그린 자화상이 있습니다. 풍속화는 사람들의 생활 모습을 그린 그림이고, 민화는 무명의 작가가 실용적인 목적에서 그린 서민적인 그림입니다.

　　　왜 정선은 진경산수화를 그렸을까?

다알지 기자

시청자 여러분, 안녕하세요? 빠르고 정확
한 법정 뉴스의 다알지 기자입니다. 방금 둘째
날 재판이 끝나고 방청객들이 쏟아져 나오고 있습
니다. 오늘은 당대의 거물급 화가였던 조영석, 강세황, 김홍도가 증인
으로 나와 법정 분위기를 한껏 달구었습니다. 피고 정선은 금강산 그
림으로 진경산수화를 그리기 시작해 수십 년에 걸쳐 조금씩 완성시켜
나갔으며, 많은 화가가 자신의 그림을 따라 해 크게 유행되었다고 진
술했습니다. 원고 심사정은 남종 문인화 역시 진경산수화 못지않은 대
단한 업적을 이루었는데 현대에 와서 그림을 평가하는 관점이 바뀌
는 바람에 남종 문인화가 푸대접을 받게 되었다고 억울함을 호소했습
니다. 재미있는 사실은 진경산수화란 말이 당시에는 쓰이지 않았으며
1980년대에 들어와서야 생겨났다고 하네요. 그럼 이번 재판의 당사자
인 원고 심사정과 피고 정선을 만나 오늘 재판에 대한 소감을 들어 보
겠습니다.

심사정

　나는 대역 죄인의 후손으로 낙인찍혀 평생 어렵게 살았습니다. 그런 가운데 그림에 뜻을 두고 남종 문인화에 몰두했었지요. 나름대로 잘 그렸다는 자부심도 가졌는데 요즘 들어서 현대인의 입맛에 맞지 않는다는 이유로 형편없는 취급을 받아 매일 밤 지하에서 통곡해야 했습니다. 그동안 변명할 기회조차 없었는데 이렇게 법정에서나마 가슴에 쌓아 두었던 말을 하고 나니 그 억울함이 조금은 가시는 것 같습니다. 사실 정선에게 원한이나 미운 감정이 있는 것은 아닙니다. 다만 같은 예술가로서 공정한 평가를 받고 싶을 뿐입니다.

　왜 정선은 진경산수화를 그렸을까?

정선

　나는 조선에 조선다운 그림이 없다는 사
실이 항상 못마땅했습니다. 그래서 조선다운
그림을 위해 애썼습니다. 결국 내가 이런 문제를
해결했다는 것이 지금 생각해도 가슴이 벅찹니다. 나는 중국 양대 산수
화인 남·북종화의 장점을 받아들여 새롭고 독창적인 화법으로 진경산
수화를 만들었습니다. 처음에는 남들이 인정해 주지 않을까 봐 걱정이
앞섰는데, 많은 화가가 나의 화풍을 따르고 아주 좋게 평가해 주어 그
동안의 고생이 눈 녹듯 사라졌습니다. 심사정을 생각하면 그의 억울함
이 이해 안 되는 것은 아니지만 그건 그 사람의 운명입니다.

정선, 심사정, 그리고 윤두서

조선 후기의 화가였던 정선과 심사정은 뛰어난 화가 세 명을 가리키는 '삼재'로 일컬어졌어요. 정선의 호가 '겸재'이고, 심사정의 호가 '현재'였기 때문이에요. 뛰어난 화가 삼재 중에는 '관아재'라는 호를 가진 조영석을 넣기도, '공재'라는 호를 가진 윤두서를 포함하기도 한답니다. 그럼, 정선, 심사정과 달리 인물과 동식물 그림에 뛰어났던 윤두서의 그림을 만나 볼까요?

<유하백마도>

윤두서는 특히 인물과 말을 잘 그렸는데, 예리한 관찰력과 뛰어난 솜씨로 정확한 묘사를 잘했어요. 오른쪽 그림은 윤두서가 그린 말 그림으로 버드나무 아래에 있는 흰 말을 그린 거예요. 버드나무 잎과 백마의 모습이 우아하고, 주변의 땅이나 바위 등의 모습이 생생하게 그려진 것이 더욱 현실감 있게 보이지요.

<자화상>

윤두서는 윤선도의 손자로 정약용의 외할아버지이기도 해요. 글과 그림에 두루 능했던 윤두서는 여러 방면에도 지식의 깊이가 깊었지요. 자신의 얼굴을 그린 〈자화상〉은 국보 240호로 우리나라 초상화 중 최고의 걸작이라 일컬어진답니다. 정면을 보고 그린 이 그림은 수염 한 올 한 올까지 세밀하게 그려졌으며 생동감이 넘치는 것이 특징이지요.

<심득경 초상>

조선 시대 선비인 심득경은 윤두서와 함께 학문을 익히던 친구였어요. 그런데 젊은 나이에 눈을 감고 말았지요. 이를 슬퍼한 윤두서는 심득경이 살았을 때의 기억을 되살려 그의 모습을 화폭에 담았답니다. 이 그림을 본 심득경의 가족들은 그가 살았을 때의 모습과 너무 닮아서 이를 보고 모두 애통해 했다고 하지요. 뛰어난 관찰력과 섬세한 표현력으로 그린 이 작품은 현재 보물 제1488호로 지정되어 관리 중입니다.

<나물 캐는 아낙네>

윤두서는 〈밭 가는 농부〉, 〈짚신 삼는 사람〉과 같이 서민들의 일상생활을 소재로 한 그림을 많이 그렸어요. 오른쪽 그림도 이와 같은 서민 풍속화에 속하지요. 나물을 캐는 두 명의 여인이 그림 속에 나오고 있답니다. 한 여인은 양손에 망태기와 칼을 들고, 다른 한 여인은 주위를 두리번거리고 있지요.

진경산수화는
왜 갑자기 쇠퇴했을까?

1. 영·정조 시대에 진경산수화가 널리 유행한 까닭은 무엇일까?
2. 진경산수화는 왜 갑자기 쇠퇴했을까?

1

영·정조 시대에 진경산수화가 널리 유행한 까닭은 무엇일까?

판사　흔히 영·정조 시대를 '조선의 **르네상스(Renaissance)**'라고 부릅니다. 조선 문화의 황금기였던 세종 때 못지않게 문물이 발달했기 때문이지요. 정선 같은 천재 화가가 나타나 진경산수화를 널리 유행시킬 수 있었던 것도 이러한 영향이 크리라 생각됩니다. 천재는 시대를 잘 타고나야 한다는 말도 있지 않습니까. 그럼 지금부터 셋째 날 재판을 시작해 보도록 하겠습니다. 오늘은 진경산수화가 언제 유행했고, 그 이유는 무엇이며 왜 쇠퇴하게 됐는지를 알아보겠습니다. 이에 대해 피고 측에서 먼저 말씀해 주시기 바랍니다.

나진경 변호사　세종 때 융성했던 문화·예술이 임진왜란과 병자호란 등 두 차례의 큰 전쟁을 겪으면서 쇠퇴기에 접어들었습니다. 그러다가 영·정조 때에 이르러 다시 한 번 전성기를 맞이하게 되지요.

　왜 정선은 진경산수화를 그렸을까?

이를 서양 역사에 빗대어 '르네상스', 즉 '문예 부흥기'라고 부르는 것입니다. 이때는 문화 특권층인 양반들은 말할 것도 없고 서민에 이르기까지 문화·예술 활동이 확대되었습니다.

판사   저도 중학교 때 배워서 잘 알고 있습니다. 〈춘향가〉, 〈심청가〉, 〈흥부가〉, 〈하여가〉 같은 판소리와 한글 소설, 그리고 탈춤이 선풍적인 인기를 끌었으며, 그림에서는 풍속화와 민화가 널리 퍼졌다지요?

나진경 변호사   지금은 초등학교 교과서에 그런 내용들이 다 나오지요. 그리고 〈하여가〉는 판소리가 아니라 **이방원**의 시조입니다.

판사는 '가만히 있으면 중간은 가는데 괜히 끼어들었다'는 듯 머쓱한 표정을 지었다. 그러고는 자꾸 아는 척해 봐야 손해일 것 같았는지 급히 말꼬리를 돌렸다.

판사   피고 측 변호인, 이런 활발한 문화·예술 활동이 일어나게 된 배경은 무엇입니까?

나진경 변호사   한마디로 먹고살 만해졌기 때문입니다. ▶경제적으로 이전보다 훨씬 풍족한 사회가 되었던 거지요. 생활이 안정되니 자연스레 눈길을 문화·예술 활동으로 돌리게 된 것이지요.

심사정   그렇소. 먹고살 만해야 예술도 하게 되는 법이

르네상스
중세를 뒤이은 유럽 문명의 한 시기로 '재생'이라는 말뜻을 지녔습니다. 고전 학문과 지식에 대한 관심이 높아져 인간 중심의 문학과 예술이 발달했습니다.

이방원
조선 제3대 왕인 태종의 본명이며 태조 이성계의 다섯째 아들로 조선 건국을 위해 공헌했고, 왕권의 기틀을 세웠지요.

교과서에는

▶ 정조는 강화된 왕권을 바탕으로 민생을 안정시키고 문예를 부흥시켰습니다. 정조는 농업을 발달시키고, 상업 활동을 보다 자유롭게 할 수 있도록 했으며, 광산 개발을 장려했습니다.

이앙법
모를 못자리에서 논으로 옮겨 심는 농사 방법으로, 흔히 모내기법이라고 하지요.

지요. 그런데 난 평생을 가난에 쪼들리며 살았고, 정선은 벼슬길에 올라 유람을 하며 다녔지……. 그러고도 진경산수화를 못 그렸다면 오히려 이상한 일이지요.

판사   원고, 자꾸 재판에 아무 때나 끼어들면 안 됩니다. 주의해 주세요.

심사정   …….

판사   피고 측 변호인, 그렇다면 영·정조 시대가 이전보다 경제적으로 풍요로워진 이유라도 있습니까? 좀 더 구체적으로 설명해 주세요.

나진경 변호사   먼저 농업 분야부터 말씀드리겠습니다. 무엇보다 농경지의 확대가 중요한데 두 차례의 전쟁으로 황폐해진 농경지를 꾸준히 늘린 결과, 이미 18세기 초에 이르면 세종 때의 수준에 이르게 되지요. ▶다음으로 농업 기술에서도 큰 변화가 일어납니다. 벼를 한 번 옮겨 심는 **이앙법**과 밭고랑을 만들어 씨를 뿌리는 견종법이 널리 퍼지면서 수확량이 두세 배가량 늘어났지요. 또 담배, 인삼 등과 같이 돈을 많이 벌 수 있는 작물의 재배로 농민들 중에서도 부자가 생겨나게 되었습니다.

판사   다른 분야는 어땠나요?

나진경 변호사   농업 생산량이 늘어나자 농산물을 사고 파는 상인들도 바빠졌습니다. 18세기 중엽에는 전국에 1,000개가 넘는 시장이 생겨났고, 시골 구석구석까지 봇짐 장수들이 돌아다녔습니다. 덩달아 이들을 상대하는 주막,

교과서에는

▶ 조선 후기에는 농업 생산력이 크게 증가했는데, 이는 바로 농업 기술의 발달 때문입니다. 논농사에서는 17세기부터 이앙법이 빠르게 보급되어 노동력이 절감되고 생산량이 늘어났으며, 밭농사에서는 이랑과 이랑 사이의 간격이 좁아지고 깊이 갈이로 이랑과 고랑의 높이 차이를 크게 했습니다.

여관, 창고, 운송업까지 발달하게 되었지요. 그래서 개성 상인, 경강 상인처럼 큰돈을 번 장사치들이 생겨났어요. 그 예로 김한태라는 소금 장수는 무역으로 큰돈을 벌어 김홍도를 적극적으로 도와주기도 했지요. 또 각 시장마다 손님을 끌기 위하여 탈춤이나 **남사당패**를 운영하면서 이를 즐기는 사람들도 많아지게 되었습니다.

판사 이 시기가 경제적으로 안정된 까닭은 무엇입니까?

나진경 변호사 영조와 정조처럼 뛰어난 왕이 잇달아 나왔기 때문입니다. ▶영조는 **탕평책**과 **균역법**을 실시하여 정치·경제적인 안정을 꾀했고, 1760년에는 홍수 방지를 위해 청계천 공사를 시작하여 도성의 빈민들에게 일자리를 주기도 했지요. 정조 역시 제2의 수도인 화성(지금의 수원)을 건설하면서 조선의 농업, 상업, 과학, 문화 수준을 한 단계 높이 끌어올렸습니다. 모든 면에서 이전 시대와는 달리 풍족해졌지요.

남종화 변호사 단순히 생활이 풍족해졌다고 진경산수화 같은 새로운 그림이 나왔다는 건 지나친 비약이 아닙니까? 그렇다면 부자들이 그림도 잘 그렸겠네요?

나진경 변호사 오늘 원고 측 변호인께서 억지를 많이 부리시네요. 돈 많은 사람들은 후원자가 되겠지요. 아무나 그린다고 그림은 아니니까요.

남종화 변호사 부자들이야 돈 버는 데 관심을 두지, 누가 그런 데 관심을 둔단 말입니까?

교과서에는

▶ 붕당 사이의 정치적인 대립이 심해지면서 정치적인 기강이 문란해지고 왕권이 약화되자 영조는 탕평책을 실시했습니다. 탕평책의 실시로 소론과 남인이 정치에 진출하면서 노론의 독주를 견제했고, 붕당에 관계없이 능력에 따라 인재가 등용되었습니다.

나진경 변호사   그림에 관심이 많은 교양 있는 부자들이 있었습니다. 나라 안 최고 부자!

남종화 변호사   최고 부자? 그게 누구입니까?

나진경 변호사   누군 누구겠어요? 임금님이지. 영조는 정선을 후원했고, 정조는 김홍도를 후원했습니다. 두 임금은 진경 문화에 대한 충분한 이해가 있어 두 화가를 적극적으로 후원했지요. 정조는 사실 뛰어난 화가이기도 했으니까요.

남종화 변호사   문예 부흥을 일으킨 두 임금이 후원한 두 화가가 조선의 최고 화가라? 우연치고는 아주 멋진 우연이군요? 최고 지존인 임금부터 그림 **마니아**(mania)였으니 진경산수화의 출현은 시간 문제였겠네요.

나진경 변호사   설마 지금 비꼬는 건 아니겠지요?

남종화 변호사   임금의 후원을 받았다니 부러워서 하는 말입니다. 제가 알기로는 임금님이 아니라 다른 사람들의 공이 더 컸다고 하던데요.

판사   어떤 사람들 말입니까?

남종화 변호사   김광국, 김광수 같은 **감식안**이 뛰어난 그림 수집가도 있었습니다. 이들이 모아 놓은 수많은 그림은 화가들에게 좋은 공부가 되었지요. 게다가 강세황 같은 수준 높은 비평가의 활동도 그림 발달에 한몫했지요.

나진경 변호사   제가 알고 있는 사실을 앞질러 말씀하시는군요.

남종화 변호사   천만에요. 피고 측 변호인께서 미처 모르고 있는 사

마니아
어떤 한 가지 일에 몹시 열중하는 사람을 뜻합니다.

감식안
어떤 사물의 가치나 진위 따위를 구별하여 알아내는 눈을 의미합니다.

실이 하나 있습니다. 그것은 김광국, 김광수, 강세황이 정선보다 심사정과 훨씬 가깝게 지냈다는 것입니다. 그 예로 김광국은 심사정이 그린 〈와룡암소집도〉에 대단히 잘 그렸다는 평을 직접 썼고, 이 그림을 집에 두고 항상 즐겨 감상했다는 기록이 남아 있습니다. 이는 심사정의 그림이 정선의 그림보다 훨씬 수준 높았다는 뜻 아닌가요?

나진경 변호사　　그게 다 까닭이 있습니다. 김광국은 중인 출신이라 양반인 정선과는 잘 어울릴 수 없었고, 김광수는 소론이었기에 노론인 정선보다는 심사정과 가까울 수밖에 없었지요. 강세황이야 남종문인화에만 관심이 있었으니 더 말할 나위 없었겠지요. 말을 안 해서 그렇지 사실 이들도 마음속으로는 새로운 그림의 출현을 목이 빠져라 기다렸을 겁니다.

남종화 변호사　　결국 심사정이 아니라 정선이 해냈다는 겁니까?

나진경 변호사　　나라 살림이 안정되니 개인의 삶도 안정되고, 개인의 삶이 편해지니 명승지를 유람할 기회도 늘었습니다. 아름다운 우리 산천을 직접 보고 감동할 기회를 많이 갖다 보니 우리 땅에 대한 자부심이 넘쳤지요. 우리 글로 쓴 한글 소설과 우리 고유의 사설인 판소리의 유행처럼 그림에서도 우리 고유의 표현 방식이 드디어 나타나게 된 겁니다. 바로 정선이 성리학의 바탕 위에 음양 조화의 원리로 풀어낸 것이지요.

남종화 변호사　　불리하면 성리학을 들먹이는군요. 예리한 증인이 그렇게 반대 의견을 말했는데도 말이지요. 영향을 받았다면 성리학이 아니라 차라리 실학이겠지요.

판사   실학? 조선 후기에 실사구시(實事求是)를 강조했던 학문 말인가요?

실사구시
사실에 토대를 두고 진리를 탐구하는 일을 말합니다.

남종화 변호사   그렇습니다. 진경산수화는 대상을 직접 보고 그린 현실적이고 사실적인 그림입니다. 가깝다면 성리학보다는 실학 쪽이지요. 더구나 조선 후기에는 명분만 앞세우는 성리학에 대한 비판이 거셌는데 자꾸 성리학을 들먹이니 어처구니가 없습니다.

나진경 변호사   정선은『주역』에 통달한 대표적인 성리학자였습니다. 진경산수화는 성리학 때문에 생겼다니까요!

남종화 변호사   아니라니깐 그러시네!

판사   잠깐! 이러다가 정말 싸움 나겠습니다. 이쯤에서 정리하겠습니다. 결정적 원인이 무엇이든 간에 당시 시대 상황이 진경산수화의 탄생에 영향을 끼친 것이 틀림없으며, 예술은 한 개인의 노력뿐만 아니라 시대의 영향을 많이 받는다는 걸 확인했습니다. 이 점은 19세기 암울한 시대 상황과 맞물려 진경산수화가 쇠퇴한 사실과도 연관이 있을 것 같군요.

2

진경산수화는
왜 갑자기 쇠퇴했을까?

나진경 변호사　19세기 들어서자 진경산수화의 유행이 갑자기 주춤해졌습니다. 정선을 뛰어넘는 화가가 나와 더욱 새롭고 근대적인 화풍으로 나갔어야 하는데 남종 문인화가 화단을 지배하게 되었습니다. 시계가 오히려 거꾸로 돌아간 것이지요. 이는 우리 미술계로서는 크나큰 손실이었습니다.

남종화 변호사　좋은 그림이 유행하는 건 당연한 일 아닙니까? 시계가 거꾸로 돌아간 게 아니라 제자리를 찾은 겁니다.

나진경 변호사　남 변호사의 시계는 고무줄로 만들었나 보군요? 앞으로 갔다 뒤로 갔다 하는 걸 보니!

남종화 변호사　뭐라고요?

판사　자자, 진정들 하세요. 피고 측은 진경산수화가 쇠퇴하게 된 배경이나 말해 주세요.

나진경 변호사 무엇보다 시대적인 환경이 변했기 때문입니다. ▶1800년, 정조가 죽고 열한 살의 순조가 즉위하자 외척들의 세도 정치로 왕권이 급속히 약해졌습니다. 문예 부흥을 이끌던 영·정조 임금을 대신할 후원자가 없었던 겁니다.

판사 그렇군요. 사회가 안정되고 경제력이 뒷받침되어야 문화·예술도 발전한다는 사실을 배웠는데……. 19세기의 나라 사정이 어땠나요?

나진경 변호사 순조 이후에도 헌종이나 철종처럼 힘없는 왕이 잇달아 등장하였고 안동 김씨, 풍양 조씨 등 외척의 세도 정치는 더욱 심해졌습니다. 벼슬아치들은 자기 욕심만 채우려 백성을 쥐어짜면서 갖은 명목으로 세금을 뜯어냈고, 이 때문에 **홍경래의 난**(1811년)과 **임술민란**(1862년)이 일어나는 등 사회가 극도로 불안했습니다. 그러니 새로운 문화·예술의 창조는커녕 있던 활동마저 움츠러드는 현상이 나타났지요.

판사 모든 문화·예술 활동이 위축되었는데 유독 남종 문인화만 위세를 떨친 이유는 무엇입니까?

남종화 변호사 김정희라는 독보적인 예술가가 있었기 때문입니다. 김정희를 증인으로 신청합니다.

방청석은 쥐 죽은 듯 조용했다. 김정희가 상대를 가리지

세도 정치
임금을 대신하여 임금의 친척이나 신하가 강력한 권력을 가지고 정치를 자기 멋대로 하는 것을 말합니다.

홍경래의 난
순조 때인 1811년 12월부터 1812년 4월까지 홍경래·우군칙 등이 중심이 되어 평안도 지방을 휩쓴 농민 반란이지요.

임술민란
철종 때인 1862년 진주에서 시작되어 전국으로 퍼진 민란입니다. 세금 제도의 문란과 정치의 혼란, 그리고 백낙신의 탄압에 저항한 농민 반란이지요.

교과서에는

▶ 정조의 뒤를 이어 나이 어린 순조가 즉위하면서 왕실과 혼인 관계를 맺은 몇몇 가문이 권력을 독점하게 되었습니다. 이를 세도 정치라 합니다. 이 세도 정치는 순조, 헌종, 철종의 3대에 걸쳐 60여 년 동안 이어졌습니다.

않고 막말을 내뱉는다는 소문을 들은 탓에 혹시 봉변이라도 당할지 몰라서였다. 추사체라는 글씨로 잘 알려진 김정희는 깐깐한 성격으로도 유명했으니까.

허연 수염에 자그마한 체구의 김정희가 천천히 증인석으로 걸어 나왔다. 둥그스름한 얼굴과 두툼한 귀는 의외로 부드러운 인상이었으나 살짝 찢어진 눈과 꽉 다문 입술에는 금석학자, 서예가, 화가, 평론가 등 다방면에서 이름을 떨친 대학자의 자존심이 묻어 있었다.

남종화 변호사　간략하게 자기소개를 부탁드립니다.

김정희　나를 모르는 사람이 없을 텐데……. 난 추사체로 유명한 김정희라고 하오. 화가로서도 활동했지만 서예가, 금석학자, 평론가로도 활발하게 활동했소. 19세기 남종 문인화의 유행을 주도하기도 했지요.

남종화 변호사　자기소개 감사합니다. 증인이 살았던 19세기는 진경산수화가 급격히 쇠퇴하고 남종 문인화가 위력을 떨쳤다면서요?

김정희　▶나는 겉모습만 닮게 그리는 진경산수화가 심히 못마땅했소. 그래서 화가들에게 제대로 된 그림을 그리라고 늘 강조했소. 많은 화가들이 내 뜻을 따라 너나없이 남종 문인화를 그렸지. 그런 선풍적인 유행을 다들 '완당 바람'이라 불렀소.

남종화 변호사　증인의 또 다른 호가 '완당'이라 그렇게 불린 거로군요. 결국 남종 문인화가 진경산수화보다 낫다는 말 아닙니까?

교과서에는

▶ 진경산수화와 풍속화는 19세기에 이르러 김정희 등의 정신을 중시 여긴 문인화의 부활로 침체되었습니다.

김정희　　진경산수화는 그림이라고 할 수도 없소. 풍경을 있는 그
대로 그리는 게 무슨 그림이야, 사진이지. 진경산수화는 겉모습을
표현하는 데 지나치게 열중하다가 정작 그 속에 숨은 뜻을 표현하지
못했소. 그건 내가 바라던 그림이 아니었소.

남종화 변호사　　증인이 바라는 그림은 어떤 것이었나요?

김정희　　'문자향(文字香)'과 '서권기(書卷氣)'가 있어야 하오.

판사　　문자향과 서권기?

김정희　　글을 많이 배운 선비라면 그림에서도 그러한 기백이 나타
나야 한다는 뜻이오. 화가는 학식도 높아야 하고 그걸 그림으로 표
현할 수 있는 능력도 있어야 하오. 인품과 학식이 높으면 저절로 문

자향과 서권기가 생기는 법이지. 내가 그린 〈세한도〉처럼 말이오.

남종화 변호사　그러니까 증인이 바라던 그림은 문자향과 서권기가 있는 남종 문인화였다는 말인가요?

김정희　그렇소. 남종 문인화야말로 그림다운 그림이오.

나진경 변호사　하지만 남종 문인화는 소수를 위한 그림입니다. 많은 사람을 감동시키지 못하는 예술이 무슨 소용이 있습니까?

김정희　예술에도 자격이 있는 법이오. 높은 학식과 감식안을 가진 사람들을 만족시키는 게 우선이오.

나진경 변호사　그건 귀족적인 취미에 불과합니다. 증인의 고상한 취미를 만족시키느라 100년에 걸쳐 세워 놓은 조선 고유의 그림이 무너져 버렸습니다. 증인은 새롭고 진보적인 예술과는 반대편에 서 있었던 것이지요. 완당 바람은 순풍이 아니라 역풍이었습니다.

김정희　그것은 내가 알 바 아니오. 나는 내 그림에 충실했으니까.

나진경 변호사　증인은 권세 높은 가문의 양반 출신입니다. 결국 증인 같은 지배층의 문화적 정체성을 유지하려는 의도일 뿐입니다.

남종화 변호사　그렇게 따지면 진경산수화도 그렇지요. 정선도 집권층인 노론 세력이었고, 그래서 **비호**를 받았던 것 아닙니까?

나진경 변호사　하지만 정선이 그린 진경산수화는 남종 문인화와는 달리 모든 계층 사람들이 좋아했습니다.

남종화 변호사　그렇다면 남종 문인화에는 사람을 끌어당기는 매력이 없다는 말입니까? 그것은 말도 안 되는 소리입니다! 증인에게 묻겠습니다. 어떤 계기로 남종 문인화의 매력에 빠지게 되었습니까?

김정희   나는 젊어서 청나라에 다녀온 후로 그곳의 학문과 예술에 푹 빠져 버렸소. 사실 우리 조선 그림은 너무 촌스러웠소. 부지런히 중국을 배워야만 우리 그림도 발전할 수 있다고 생각했소.

"혹시 중국 사람 아니야? 너무 잘난 척하는데?"

"콧대 높다는 소문이 자자하더니 과연……."

조용하던 방청석이 조금씩 술렁거렸다. 김정희 같은 실력파가 진경산수화를 낮추고 중국 그림을 치켜세우는 것이 은근히 귀에 거슬린 탓이었다.

남종화 변호사   흠, 그래서 심사정이 남종 문인화를 그렸던 것입니다. 진경산수화의 쇠퇴를 미리 알았던 거지요. 그런데 이렇게 억울할 데가 있습니까? 19세기 최고의 예술가로 평가받는 김정희도 인정하는 심사정의 그림이 20세기에는 천덕꾸러기가 되다니…….

나진경 변호사   원고 측 변호인께서는 그렇게 말씀하시면 안 되지요. 남종 문인화가 유행한 것은 중국을 따라 하는 사대주의 때문이었습니다. 화가들 모두 뼛속 깊이 중국병에 걸렸던 것이지요.

남종화 변호사   증거가 있습니까?

나진경 변호사   그럼요. 김정희가 가장 아꼈던 제자인 **허련**의 경우

허련
조선 말기의 화가입니다. 자는 소치로 김정희에게 그림을 배웠으며 남종 화풍의 토착화에 힘썼습니다. 김정희는 조선에 그를 따를 화가가 없다고까지 칭찬했지요.

왕유
중국 당나라의 유명한 문인이자 예술가입니다. 남종화의 시조이기도 하며 음악, 문학 등 모든 방면에 뛰어나 거의 성인으로까지 추앙받는 예술가이지요.

황공망
중국 원나라 때의 문인 화가입니다. 자는 자구이며 원말 사대가의 한 사람으로 산수화를 잘 그렸지요.

를 보십시오. 자기 이름마저 중국 남종화의 창시자인 **왕유**를 본떠 허유라고 고치지 않았습니까? 그뿐만이 아닙니다. 호마저도 원나라의 선비 화가 **황공망**의 '대치'와 비슷하게 '소치'라고 고쳤지요.

남종화 변호사   존경하는 이의 이름을 따는 것은 그저 당시의 유행이었을 뿐입니다.

나진경 변호사   그러니 ▶이익, 정약용 같은 실학자들이 "엉터리 화가들이 뜻만 중요하게 여기고 사실을 무시한다"고 비판한 것입니다.

판사   자, 알겠습니다. 증인은 더 이상 할 말이 없습니까?

김정희   할 말은 다 했소. 더 물어볼 게 없으면 이만 내려갔으면 좋겠소.

판사   양측 변호인, 더 이상 물어볼 말이 없습니까?

남종화 변호사   네, 없습니다.

나진경 변호사   저도 없습니다.

판사   증인 수고하셨습니다. 그만 내려가도 좋습니다. 19세기는 중국 문화를 동경했던 김정희가 문자향과 서권기를 중시하는 정통적 문인화론을 내세우고 많은 화가가 이를 따름으로써 진경산수화의 위세가 자연스럽게 약해졌다는 말이군요. 더불어 19세기는 불안정한 사회 때문에 많은 문화·예술 활동이 위축되었음을 알 수 있었습니다. 그럼 여기서 세 번째 재판을 마치고 잠시 후에 원고와 피고의 최후 진술을 듣기로 하겠습니다.

교과서에는

▶ 실학은 자유로운 비판 정신을 가지고 실증적인 방법으로 학문을 연구하고, 그 성과를 실생활에 활용하고자 했던 학문이었습니다. 따라서 실학자들은 모든 것을 확실한 증거에 의해 결론 내리려고 했지요. 이를 이른바 '실사구시'라고 합니다.

준법이란 무엇일까?

준법(皴法)은 산수화에서 산이나 땅, 바위 등을 표현하는 기법을 말합니다. 원래 '준(皴)' 자는 살갗이 갈라 터져 주름진 모양을 뜻하지요. 산수화에서는 준법을 매우 중요하게 여겼는데 그 종류만도 수십 가지가 넘습니다. 왕개가 지은『개자원화보』에 준법의 종류와 예가 자세히 설명되어 있지요.

대표적인 준법을 살펴보면, '피마준'은 삼이라는 식물의 껍질을 벗겨서 올을 풀어낸 듯한 모습이고, '하엽준'은 연잎 줄기가 퍼져 내린 듯한 모양이고, '미점준'은 쌀알처럼 조그만 점을 수없이 찍은 모양이고, '대부벽준'은 커다란 도끼로 찍어낸 듯한 자국이 남는 준법이지요.

우리나라 화가들도 이 책『개자원화보』를 교본으로 삼아 준법을 익혔습니다. 하지만 원래 준법의 시초는 중국인지라 우리나라의 실정에는 잘 맞지 않았습니다. 그래서 정선은 진경산수화를 시작하면서 바위를 표현할 때 위에서 아래로 쭉 그어 내린 수직준, 붓을 눕혀서 빗자루로 쓸어내린 듯 짙게 칠한 모습의 쇄찰준 같은 새로운 준법을 만들어 우리 땅을 멋지고 실감나게 표현해 냈습니다. 정선의 대표작인 〈금강전도〉와 〈인왕제색도〉에서 이 두 가지 준법의 진면목을 발견할 수 있답니다.

다알지 기자

시청자 여러분, 안녕하세요? 방금 들어 온 따끈따끈한 뉴스를 빠르게 전해 주는 다알 지 기자입니다. 드디어 심사정과 정선의 재판이 모 두 끝나고 최후 진술만을 남겨 둔 상황입니다. 오늘 재판에서는 두 변 호사가 심한 언쟁을 벌이다 싸움 일보 직전까지 가기도 했습니다. 원 고 측에서는 영·정조 시대에 진경산수화가 유행했던 까닭이 경제적인 풍요를 바탕으로 생활이 안정되었다는 점과, 영조와 정조 임금이 문 화·예술 활동에 깊은 관심을 갖고 정선과 김홍도를 적극적으로 후원했 다는 점을 밝혔습니다. 피고 측에서는 19세기 들어와 진경산수화가 쇠 퇴하고 남종 문인화가 유행한 까닭은 남종 문인화가 선비들의 고귀함 을 표현한 수준 높은 그림이었기 때문이라고 주장했습니다. 게다가 당 대 최고의 학자이자 예술가인 김정희를 증인으로 내세워 신뢰를 더했 습니다. 아, 마침 저기 남종화 변호사와 나진경 변호사가 보이는군요. 양측 변호사를 만나 이번 재판에 대한 소감을 잠시 들어 보도록 하겠 습니다.

남종화 변호사

피고 측은 영·정조 임금을 비롯하여 많은 평론
가와 수장가들이 정선을 도와주어 진경산수화가
생겼다고 주장했습니다. 하지만 김광수, 김광국, 강세황
같은 당대 최고의 평론가들은 오히려 심사정을 후원했습니다. 19세기
어려운 나라 사정에도 불구하고 남종 문인화가 끝까지 성행했던 것은
그만큼 생명력이 강한 그림이기 때문입니다. 이런 점은 판사님도 충분
히 알아주시리라 생각합니다. 이 재판이 끝나면 심사정과 남종 문인화
에 대한 인식이 확 바뀌지 않을까요? 저는 이렇게 믿습니다만, 기자님
생각은 어떠신가요?

나진경 변호사

　원고 측에서는 남종 문인화가 글을 많이
배운 사람만이 감상하고 그릴 수 있는 수준 높
은 예술이라고 우겼습니다. 하지만 실제로는 일부
사람만을 위한 귀족적인 취미에 불과합니다. 그러니 실학자들이 남종
문인화가들이 괜히 거들먹거린다고 비판한 것 아닙니까. 이런 그림 때
문에 많은 사람이 좋아하던 진경산수화가 갑자기 쇠퇴해 아쉬울 뿐입
니다. 어떤 판결이 날지 저도 궁금하지만 판사님도 우리의 진심을 알
아주시리라 믿습니다. 아무튼 재판이 끝나 속이 후련합니다. 며칠 푹
쉬고 싶네요.

나는 중국의 남종 문인화를
조선식으로 바꾸었습니다
vs

진경산수화는 내가 평생을 바쳐
창안한 새로운 화풍입니다

판사   지금까지 우리는 진경산수화가 어떤 그림인지, 남종 문인화
와 어떻게 다른지, 왜 영·정조 시대에 널리 유행하다가 19세기에 들
어서면서 갑자기 쇠퇴하게 되었는지 살펴보았습니다. 이제 마지막
으로 원고와 피고의 최후 진술을 들어 본 후 공정한 판결을 내리도
록 하겠습니다. 먼저 원고의 최후 진술을 듣도록 하겠습니다.

심사정   존경하는 판사님, 평생 가난에 쪼들리며 불행하게 산 것
도 억울한데 죽은 후에도 억울하게 오해를 받아 명예를 실추당했습
니다. 이런 오해를 풀고 명예를 회복할 수 있는 기회를 주셔서 감사
드립니다. 나는 두 가지에 대해 명예 회복을 원합니다.

첫째, 내 그림이 중국 그림을 모방한 것에 불과하다는 세간의 오
해를 푸는 것입니다. 사람들은 내가 그린 남종 문인화를 두고 무조

건 중국 그림을 따라 했다고 몰아붙이는데, 이건 정말 오해입니다. 나 역시 남종 문인화를 우리 조선식으로 고치는 데 많은 공을 들였고, 또 성공했습니다.

당대 유명한 미술 평론가들도 내 그림의 가치를 인정했으며, 진경산수화가 쇠퇴한 19세기에도 남종 문인화는 여전히 위력을 떨쳤습니다. 그런데도 요즘 사람들은 이걸 몰라주고 제대로 평가해 주지 않습니다. 이건 내가 그림을 못 그렸거나 남종 문인화의 수준이 낮아서가 아닙니다. 현대인의 미적 관점이 달라졌기 때문입니다. 무엇보다 개성, 독창성, 민족성을 중요시하니까요.

이런 미적 관점이 하루아침에 뒤바뀌지 않겠지만 이번 재판을 통해 어느 정도 오해는 풀렸다고 생각합니다. 나중에 시간이 더 지나 제대로 된 평가를 받을 날을 기대해 봅니다.

둘째, 진경산수화에 대한 과장도 바로잡고 싶습니다. 물론 나도 진경산수화의 위대함은 인정합니다. 하지만 많은 사람이 알고 있는 것처럼 정선이 새롭게 창안한 건 아니라는 것을 밝힙니다.

이전에도 진경산수화를 만들기 위한 노력이 있었고, 독창적인 화법인 줄로만 알고 있는 진경산수화도 사실 중국 판화집《해내기관》, 《명산도》, 《태평산수도》에 나오는 그림들과 비슷합니다. 화법 역시 중국의 남·북종화를 이어받아 중국의 영향이 상당했음을 알 수 있습니다. 이런 점을 판결에 참고해 주시기 바랍니다.

이번 기회에 정선에 비해 평가 절하된 내 이름을 알리게 되었습니다. 재판 결과와는 상관없이 최선을 다했다는 점에서 후회는 없습

니다. 마지막으로 나와 평생을 함께한 그림 동무 강세황, 잠까지 설쳐 가며 변론을 준비해 준 남종화 변호사님께 감사드립니다. 이상입니다.

판사   잘 들었습니다. 그러면 이어서 피고의 최후 진술을 들도록 하겠습니다.

정선   내 뜻과 상관없이 이런 자리에 불려 나오게 되어 처음에는 몹시 당황스러웠습니다. 그렇지만 거꾸로 생각하면 진경산수화를 제대로 평가받을 수 있는 계기가 되어 기쁘기도 합니다. 개인적으로 심사정에게 불만은 없습니다. 한때는 내 제자이기도 했으니까요. '얼마나 억울했으면 저럴까?'라는 생각을 하니 나름 동정심도 생겼습니다.

진경산수화는 내가 평생을 바쳐 창안한 새로운 화풍입니다. 우리 땅 구석구석을 일일이 찾아다니며 우리 고유의 정서와 기법으로 표현했지요. 덕분에 그냥 잊혀 사라질 뻔했던 조선 시대 우리 강산의 모습을 수백 년이 지난 오늘에까지 전해 주게 된 것입니다.

아시다시피 진경산수화는 조선 중화주의의 산물입니다. 우리 문화에 대한 민족적 자각이 있었기에 그런 그림이 탄생한 것이지요. 19세기 들어서 갑자기 쇠퇴하게 된 것이 아쉬울 뿐입니다.

나는 진경산수화를 창안하기 위해 수많은 중국 그림을 보았고 실제적으로 남·북종화의 기법을 응용하기도 했습니다. 그런데 이걸 가지고 중국 그림을 그대로 본떴다느니, 사대주의니 하는 주장은 몹시 억울합니다. 세상에 완전히 새로운 것이란 없습니다. 기존의 바탕 위에 또 다른 새로운 게 탄생하는 법입니다. 이런 사정을 참고하셔서 공정한 판결을 내려 주시기 바랍니다.

마지막으로 살아생전 나를 많이 도와준 영조 임금님, 김창흡 선생님, 그리고 내 친구 이병연, 조영석에게 고마운 마음을 전합니다. 이상입니다.

판사 　지금까지 많은 분들의 이야기를 잘 들어 보았습니다. 그럼 이것으로 모든 재판을 마치도록 하겠습니다.

땅, 땅, 땅!

역사공화국 한국사법정 재판 번호 37 심사정 vs 정선

주문

진경산수화는 새롭고 독창적인 화풍으로 사실상 피고 정선이 처음 시작한 것임을 인정한다. 또 원고 심사정의 남종 문인화는 중국의 습관적인 모방에서 벗어난 조선식 화풍으로 그 예술적 노력과 성취를 인정한다.

판결 이유

한국사법정은 원고 심사정이 제기한 문제에 대하여 다음과 같이 판결한다.

첫째, 진경산수화는 정선이 처음 시작하지 않았다. 그러나 조속이 그렸다는 최초의 진경산수화는 확인할 길이 없고, 현재 전하는 작품의 양이나 수준으로 봐서 정선의 진경산수화를 사실상 처음이라고 보는 것이 바람직하다.

둘째, 진경산수화는 새롭고 독창적인 화풍이 맞다. 물론 중국 판화집의 내용과 비슷하다는 원고 측 주장도 일부 사실이며, 정선 스스로도 중국 남·북종화의 기법을 활용했다고 진술했다. 그러나 세상에 완전히 새로운 건 없다. 진경산수화가 부분적으로 중국의 영향을 받긴

하였으나 이전에 중국이나 조선에 없던 새로운 화풍이 창안되었다는 것도 분명하다. 따라서 새롭고 독창적이라는 기존의 학설은 사실임이 인정된다.

셋째, 진경산수화의 발생이 조선 중화주의의 결과라는 학설은 일면 타당하다. 하지만 여기에 관해서는 아직 학계의 의견이 분분하고 계속 연구가 진행되고 있으므로 확실한 판결은 다음으로 미룬다.

넷째, 원고 심사정의 남종 문인화는 중국을 모방한 그림이 아니다. 남종 문인화가 중국에서 들어온 건 맞지만 조선식의 화풍을 추구하였으므로 전적으로 중국을 모방했다는 주장은 인정할 수 없다.

다섯째, 심사정은 정선과 함께 쌍벽을 이루던 화가임이 인정된다. 진경산수화와 남종 문인화는 당시 중요한 화풍이었으며 여러 평론가나 동료 화가의 말을 종합하면 심사정 역시 정선 못지않은 실력을 가진 화가임이 분명하다. 따라서 그동안 심사정에 관한 오해는 풀어져야 마땅하다.

역사공화국 한국사법정 담당 판사 공정한

"진정한 예술에는 1등, 2등이 없다"

오랜만에 옛 그림 전시회를 다시 찾은 남종화 변호사. 오늘은 영·정조 시대 특별 서화전이 열리고 있었다. 옛 그림 앞에 서니 얼마 전에 끝난 재판이 새삼스레 떠올랐다. 나름대로 심사정에 대한 오해를 바로잡았다고 생각하니 흐뭇하지만, 꼬박꼬박 말대꾸를 하던 나진경 변호사의 얼굴이 떠오르자 '부르르' 치가 떨렸다.

'꿈에 나타날까 무섭군.'

좋지 않은 기억은 무엇인가에 푹 빠질 때 빨리 사라진다. 미술관에 왔으니 그림 감상이 최고이지 않을까. 이번에 남 변호사가 점찍어 둔 그림은 정선의 〈만폭동도〉. 비록 재판에서는 심사정의 편에 섰으나 정선의 그림만은 볼만하다.

금강산 최고의 절경인 만폭동에서 두 명의 선비가 경치를 감상하

는 〈만폭동도〉. 사방에서 진짜로 청명한 물
소리가 들리는 듯한 느낌을 주는 걸작이다.

그림 앞에서 한참 동안 감상에 푹 빠졌
는데 어떤 여자가 옆에서 자꾸 남 변호사를
흘끔흘끔 쳐다보았다. 왠지 낯익은 눈길이
었다.

'누구지? 내 의뢰인인가?'

연신 고개를 갸우뚱거리는데 여자가 남
변호사 옆으로 다가왔다.

"안녕하세요. 여기서 또 만나네요."

"어, 당신은 나진경 변호사? 여긴 무슨
일로?"

"무슨 일은 무슨 일요, 그림 감상하러 왔
지요."

정선, 〈만폭동도〉, 비단 위에 담채, 22.0×32.0cm, 서
울대학교 박물관

"당신이 그림에 관심 있다고?"

"호호호! 모르셨나요? 저도 학창 시절 꿈이 화가였는데."

'어쩐지, 재판할 때 꼬치꼬치 캐물으며 아는 체를 그렇게 해대더
니만.'

"그런데 꼬박꼬박 말을 놓으시네요. 알아보니 제가 한 살 더 많
던데."

'으윽, 뒷조사까지?'

뜨끔한 남 변호사는 마지못해 말을 높였다.

"아, 그건 출생 신고를 1년 늦게 해서 그런 겁니다."

"그럼 나랑 동갑이군요? 같이 말 놓으면 되겠네."

"헉. 당신과 말을 섞는다고? 차라리 귀신하고 얘기하는 편이 낫지."

"뭐요! 말 다했어요?"

티격태격하는 사이에 나 변호사가 들고 있던 음료수 몇 방울이 그림에 튀었다.

"이를 어쩌나?"

남 변호사가 손수건을 꺼내려는 순간, 당황한 나 변호사는 음료수가 묻은 곳을 손으로 잽싸게 문질렀다.

"앗, 안 돼!"

남 변호사는 짧은 비명과 함께 손수건을 떨어뜨렸고 갑자기 미술관이 깜깜해졌다. 관람하던 모든 사람이 또다시 그대로 굳어 버렸고, 아니나 다를까 〈만폭동도〉 속에 있던 두 사람이 그림 밖으로 걸어 나왔다.

"꺄아악!"

나 변호사가 비명을 지르며 남 변호사의 팔을 와락 움켜쥐었다.

"저게 뭐예요? 사람이에요, 귀신이에요?"

"아니, 당신들은?"

그림 속에서 걸어 나온 사람은 뜻밖에도 정선과 심사정이었다. 심사정이 먼저 말을 건넸다.

"껄껄껄! 오랜만이오. 그런데 왜 두 분이 함께 있소?"

"오히려 제가 물어볼 말입니다. 어찌 원수 같은 두 분이 그림 속에

왜 정선은 진경산수화를 그렸을까?

함께 계시는 겁니까?"

남종화 변호사의 물음에 정선이 대답했다.

"하하하! 지난번 재판이 끝난 후 심사정과 나는 화해했습니다. 아니, 화해랄 것까지도 없지. 우리는 살아 있을 때도 싸운 적이 없었으니까. 죽은 다음에 남들이 이러쿵저러쿵하는 통에 잠깐 틀어졌지만."

"그렇소. 정선 선생님은 원래 나의 스승이오. 나는 이번 재판을 통해서 선생님의 위대함을 새삼 느꼈고, 선생님도 내 그림을 인정해 주셨소."

"그래요. 예술이란 각자 다른 개성의 표현인데 그걸 가지고 누가 1등이고 2등이니 시비하는 자체가 웃기는 일이지요."

정선의 말에 머리를 끄덕이며 심사정이 말을 이었다.

"요즘 우린 늘 함께 다닌다오. 이번에도 금강산 구경을 신나게 하던 중인데……. 참, 누가 그림에 손댔나요? 남 변호사님은 아닐 테고."

이제야 조금 정신을 차린 나 변호사가 미안한 듯 고개를 푹 숙였다.

"오, 야단치는 게 아닙니다. 덕분에 이렇게 만나게 되었잖아요. 오히려 고맙다고 해야지. 안 그래도 두 분한테 감사의 인사를 다시 한번 드리고 싶었는데."

"그런데 왜 두 분이 같이 있소. 서로 으르렁대던 사이 아니었소? 혹시 우리처럼 화해한 거요?"

정선이 두 변호사를 번갈아 쳐다보며 말했다.

"화해라니요. 말도 안 됩니다. 내가 왜 저런 여성과……."

"하하하! 아직 화해 안 했다면 이 자리에서 하시오. 사람이 천년만년 사는 것도 아니잖소."

"그러고 보니 함께 서 있으니 잘 어울리는데요?"

심사정이 맞장구를 쳤다.

"어머! 그렇게 심한 욕을."

"누가 할 소리!"

"하하하! 혹시 신윤복의 〈월하정인〉이라는 그림을 본 적이 있소? 꼭 그 사람들 같소."

왜 정선은 진경산수화를 그렸을까?

"맞네그려. 안 보았으면 같이 보고 갑시다. 그렇다고 그림처럼 밤에 자주 만나면 안 되지. 껄껄껄!"

정선과 심사정이 웃으며 놀려 대자 두 변호사는 어쩔 줄 몰라 했다.

"그럼 이만 우리는……."

두 화가는 크게 웃으며 그림 속으로 사라졌다.

잠시 후 무슨 일이 있었냐는 듯 전시관 안이 다시 밝아졌다. 동상처럼 굳었던 사람들도 움직이기 시작했다. 괜히 쑥스러워진 남종화 변호사가 도망치듯 떠나며 말을 건넸다.

"나 먼저 갑니다."

"어머, 손수건 가져가야지요."

나진경 변호사도 재빨리 땅에 떨어진 남 변호사의 손수건을 주워 들고 그 뒤를 따랐다.

정선의 그림과 삶을 볼 수 있는,
겸재 정선 미술관

　서울시 강서구는 진경산수화로 이름 높은 정선과 인연이 있습니다. 정선이 65세부터 70세까지 지금의 강서구 가양동 일대인 양천현의 현령으로 머물렀기 때문이지요. 당시 정선은 이곳에 머물면서《경교명승첩》,《양천팔경첩》,《연강임술첩》등과 같은 많은 걸작을 남겼습니다. 이런 이유에서 정선을 기리는 미술관이 강서구에 위치하고 있습니다.

　겸재 정선 미술관은 지하 1층에서 지상 3층으로 이루어져 있는데, 1층에는 기획전시실과 양천현아실이 있습니다. 기획전시실은 다양한 장르의 전시 행사를 관람할 수 있는 기획전시 공간이고, 양천현아실은 정선이 5년 동안 재임했던 양천현아의 축소 모형을 전시한 곳이지요.

겸재 정선 미술관의 실외

2층으로 올라가면 정선의 생애를 살펴보고 주요 작품을 소개하는 상설 전시관인 겸재 기념실과 진경산수화에 대해 쉽고 친근하게 접근하기 위한 디지털 공간인 체험학습실을 만날 수 있습니다. 이외에도 3층에

겸재 정선 미술관의 실내

는 다목적 공간 등이 마련되어 있지요.

특히 2층의 체험학습실에서는 정선의 유명한 그림들을 재미있게 접근해 볼 수 있습니다. 정선이 그린 그림들 속에서 사람들만 따로 찾아본다거나, 정선이 그린 산수화와 같은 그림을 그려 볼 수도 있답니다.

산수화에 뛰어난 업적을 남긴 정선을 기리는 미술관답게 겸재 정선 미술관은 다양한 프로그램을 진행하고 있는데, 특히 토요 체험학습을 눈여겨볼 만합니다. 정선의 진경산수화를 따라 그리거나 우리 동네 미술 역사를 탐방하는 등의 다양한 활동을 통해 정선을 이해하고 산수화를 좀 더 쉽게 이해할 수 있도록 하고 있답니다.

찾아가기 　**주소**　　　서울시 강서구 양천로 47길 36 (가양1동 243-1)
　　　　　　전화　　　　02-2659-2206
　　　　　　관람 시간 10:00~18:00(토, 일요일과 동절기는 17:00까지)
　　　　　　참고　　　　gjjs.or.kr

『역사공화국 한국사법정 37 왜 정선은 진경산수화를 그렸을까?』와
관련한 논술 문제를 풀어 봅시다.

※ 다음 제시문을 읽고 물음에 답하시오.

(가) 우리나라의 실제 경치를 자세히 관찰하고 특징을 살려 그린 그
    림을 '진경산수화'라고 합니다. 진경산수화를 그린 대표적인 인
    물은 겸재 정선으로 〈인왕제색도〉, 〈금강전도〉 등은 조선 후기
    를 대표할 만한 뛰어난 작품입니다.

정선의 〈인왕제색도〉

(나) 사람들이 살아가는 일상적인 모습을 사실적으로 그린 것을 '풍
    속화'라고 하는데, 대표적인 화가로 김홍도와 신윤복을 들 수 있

습니다. 특히 김홍도는 〈서당도〉, 〈씨름도〉 등 웃음
이 묻어나는 여러 작품을 남겨 서민들의 삶을 그림
으로 보여 주고 있지요.

1. (가)와 (나)는 조선 후기에 등장한 진경산수화와 풍속화
   에 대한 내용입니다. (가)와 (나)를 읽고 당시 조선 후기
   의 변화된 시대상에 대해 쓰시오.

김홍도의 〈서당도〉

※ 다음 제시문을 읽고 물음에 답하시오.

(가) 그림으로 그림을 전하는 것은 잘못된 것이니 물체를 직접 마주
    대하고 그 진(眞)을 그려야 곧 살아 있는 그림이 된다.

                                              −조영석

(나) 그림이란 많은 비합리적 상상력에 의해서 만들어지는 천연색
    사진이다.   −달리

(다) 어떤 선(線)은 고귀하고, 어떤 선은 기만적이다. 직선은 무한을
    암시하고 곡선은 창조를 암시한다. 색채는 훨씬 더 설명적이다.
    시각에 대한 자극 때문이다.   −고갱

2. (가)~(다)는 그림에 대한 여러 화가들의 생각입니다. 각각의 생각을
   보고 그림에 대한 나의 생각을 적고 그 이유를 함께 쓰시오.

해답 1 (가)는 진경산수화, (나)는 풍속화에 대한 내용입니다. 조선 후기 이러한 그림이 등장했다는 것은 우리 문화에 큰 변화가 생겼다는 것을 의미합니다. 중국의 화풍을 따라 풍경화를 그리던 때에 진경산수화가 등장했다는 것은 우리 민족이 우리 자연에 대해 자부심을 갖게 되었다는 것을 의미하지요. 또한 풍속화를 그려 서민들의 생활 모습을 그림으로 담아냄으로써 우리의 정서와 문화에 대한 자부심을 표현했다고 볼 수 있습니다.

해답 2 (가)는 정선, 심사정과 함께 유명한 화가로 손꼽혔던 조영석이 한 말이고, (나)는 에스파냐 화가 살바도르 달리가 한 말입니다. (다)는 프랑스 화가 폴 고갱이 한 말이지요. 각각의 화가가 그린 그림이 서로 다른 것처럼 그림에 대한 그들의 생각도 다릅니다.

내 생각에 '그림은 색으로 표현하는 생각과 마음'입니다. 똑같은 사물을 보고 그려도 그림이 다른 이유는 생각과 마음이 달라서이고, 다양한 색으로 화폭에 그리고 표현하는 것이 바로 그림이기 때문이지요.

* 해답은 예시로 제시된 내용입니다.

왜 정선은 진경산수화를 그렸을까?

역사공화국 한국사법정 37

왜 정선은 진경산수화를 그렸을까?

© 최석조, 2011

초　　판 1쇄 발행일　2011년 8월 16일
개정판 1쇄 발행일　2015년 9월 7일
개정판 5쇄 발행일　2022년 12월 1일

지은이　　최석조
그린이　　최상훈
펴낸이　　정은영

펴낸곳　　(주)자음과모음
출판등록　2001년 11월 28일 제2001-000259호
주소　　　10881 경기도 파주시 회동길 325-20
전화　　　편집부 (02) 324-2347 경영지원부 (02) 325-6047
팩스　　　편집부 (02) 324-2348 경영지원부 (02) 2648-1311
이메일　　jamoteen@jamobook.com

ISBN 978-89-544-2337-3 (44910)

과학공화국 법정시리즈 (전 50권)

생활 속에서 배우는 기상천외한 수학·과학 교과서!
수학과 과학을 법정에 세워 '원리'를 밝혀낸다!

이 책은 과학공화국에서 일어나는 사건들과 사건을 다루는 법정 공판을 통해 청소년들에게 과학의 재미에 흠뻑 빠져들게 할 수 있는 기회를 제공한다. 우리 생활 속에서 일어날 만한 우스꽝스럽고도 호기심을 자극하는 사건들을 통하여 청소년들이 자연스럽게 과학의 원리를 깨달으면서 동시에 학습에 대한 흥미를 가질 수 있도록 구성하였다.